강남 할배의

사장의 조건

강남 할배의
사장의 조건

펴 낸 날 2021년 11월 24일

지 은 이 차병희
펴 낸 이 이기성
편집팀장 이윤숙
기획편집 서해주, 윤가영, 이지희
표지디자인 서해주
책임마케팅 강보현, 김성욱
펴 낸 곳 도서출판 생각나눔
출판등록 제 2018-000288호
주 소 서울 잔다리로7안길 22, 태성빌딩 3층
전 화 02-325-5100
팩 스 02-325-5101
홈페이지 www. 생각나눔.kr
이 메 일 bookmain@think-book.com

• 책값은 표지 뒷면에 표기되어 있습니다.
  ISBN 979-11-7048-319-9 (03320)

강남 할배의

사장의 조건

차병희 지음

강남 할배가 들려주는
청년들이 창업 전
꼭 알아야 할 사장의 조건!

생각나눔

필자는 20세부터 사업을 시작해 현재까지 40년이란 세월을 사장만 하였다. 그동안 정말 많은 업종의 사장을 거쳤다. 이런 다양한 경험을 살려 2003년『차병희의 사장의 조건』이란 책을 출간했다. 당시 필자가 쓴 책에 대해 많은 젊은 창업자와 소상공인에게 나름의 도움이 됐다는 평가가 나왔다. 당시는 'IMF 경제위기' 이후 몇 년이 지난 뒤였고, 많은 사람이 창업을 하여 벤처 열풍이 불던 시대였다. 많은 벤처 창업자들이 대체로 경제위기를 성공적으로 극복했다는 분위기가 지속됐다. 필자가 책 출간 이후 약 20년 넘는 세월이 흘러가면서도 개정판을 굳이 내지 않은 이유라면 이유이기도 하다.

하지만 최근 다시 코로나19의 경제위기로 현재 우리나라의 실업문제는 우리 사회에 또다시 커다란 골칫덩어리가 아닐 수 없다. 해결 방법을 찾기 위해 정치인과 기업인들이 노력하고 있지만 시원한 답은 나오지 않는다. 특히 코로나19 사태로 또다시 많은 사람이 실직에 몰려 생업을 위해 창업의 돌파구를 찾는 뉴스를 보고, 출판 이후 다시 젊은 창업자들을 위해『차병희의 사장의 조건』개정판을 출간하기로 결정을 내렸다.『차병희의 사장의 조건』개정판을 쓴다는 마음으로, '청년들이 창업하기 전에 꼭 알아야 할 사장의 조건 2'를 그동안 20년의 경험을 추가해 『강남 할배가 들려주는 청년들이 창업 전 꼭 알아야 할 사장의 조건』이란 제목으로 출간하기로 결심했다.

20년 전에는 없었던 비즈니스가 많이 생겨났다. 대표적인 것이 전자화폐 사업이고, 두 번째가 인공지능 사업이며, 세 번째가 암호화폐 사업이 아닐까 한다. 특히 모바일이란 새로운 통신환경은 우리 삶에 많은 것을 바뀌게 하였다. 핸드폰에 탑재된 각종 어플은 새로운 소비시장을 만들었고, 인공지능을 이용한 전자제품들은 하루가 다르게 진화하고 새로운 제품들을 출시하고 있다. 또한, 블록체인을 응용한 가상화폐는 청년들에게 엄청난 투기 열풍과 함께 신기술로써 다양한 분야에 접목하여 큰 시장을 형성하고 있다.

과거에 번성했던 사업은 시대의 트렌드를 따라가지 못하면서 퇴출되기도 하였고, 새로운 소비시장은 급속도로 변화하여 기존 사업들의 패러다임을 완전히 바꾸어놓았다. 그러나 사업이란 기본적인 환경과 사장이란 기본적인 조건은 예나 지금이나 변한 것이 없다고 생각한다. 청년들이 창업을 두려워하고 창업 환경이 나날이 어려워지고 있는 지금의 현실이 안타깝기도 하지만, 오히려 위기가 기회라는 말처럼 준비된 사장은 실패할 확률이 낮다는 것을 알아야 한다.

　필자가 40년 창업을 하면서 느낀 것은 항상 위기 속에 기회가 온다는 것을 몸으로 느꼈다. 필자는 창업을 하면서 관련 분야에 멘토가 없음을 가장 아쉬워했다. 그러나 더 아쉬웠던 것은 사업을 하면서 사장이 꼭 알아야 할 기본을 지키지 않음에서 실패의 원인을 찾은 경우가 많았다.

　세월이 흘러 20년 전에 필자가 쓴『차병희의 사장의 조건』이란 책을 출간할 당시에는 필자의 아이들이 초등학생이었으나 지금은 모두 성인이 되었고, 이젠 모두들 사업을 하는 사장이 되었다. 필자의 아이들과 같이 청년 사장들에게 필자는 지난 사업의 경험을 바탕으로 부모의 마음으로 책을 집필하게 되었다. 이 책이 청년 사장들에게 도움이 되길 바라며, 소상공인과 중소기업인, 나아가 창업을 꿈꾸는 젊은 예비 사장들에게 경영을 하다 생기는 문제를 해결할 수 있는 현실적 방법을 제시하고자 한다.

Content

03   MANAGEMENT

04   PROFIT

11   NEVER GIVE UP

강남 할배 왈

사업에 성공하기 위하여 회사는 돈을 많이 벌어들이면 들일수록 좋아진다. 돈을 벌어들인다는 건 임금을 올려주고, 휴일을 늘려주고, 따뜻한 말 한마디를 해주는 일이다. 돈을 벌어야 사내에서 '힘들고, 더럽고, 위험한' 일을 제거할 수가 있다.

01

HOW TO SUCCEED IN BUSINESS

ⅢⅢ 비즈니스에 도덕성은 없다

사업 현장은 약육강식의 논리가 지배하는 곳이다. 마치 전쟁터처럼 기업과 사장의 허술한 곳을 여지없이 공략하기 때문에 사업 현장에 나가 도덕성을 찾는 것은 죽음을 자초하는 것이나 마찬가지이다. 이 세상은 내가 없으면 없는 것이다.

사장은 사업을 하기 전에 우선 마음가짐을 확실히 정립해야 한다. 사업에 있어서 도덕성은 없다. 사업을 예술이나 사교가 아니며, 수도 하는 것은 더욱 아니다. 고상함을 추구한다면 절대로 사업을 해서는 안 된다. 사장이란 겉과 속이 전혀 다른 것이다. 겉으로 보면 품위가 있어보이고 대접을 받는 것 같지만, 그것은 사업이 잘되었을 때의 이야기일 뿐, 정작 사업에 실패를 하면 가혹한 대접만이 기다린다. 그것이 사장의 모습이다.

더 현실적으로 말한다면 사업이 잘된다고 품위 있고 대접을 받는 것도 아니다. 사업이란 긴장의 연속이다. 사업이 잘되어도 긴장을 푼다면 언제 망할지 모르는 것이다. 솔직히 필자는 자식에게 사업을 물려줄 생각이 없다. 너무 힘들게 사업을 했기 때문이다. 게다가 긴장만 한다고 사업이 잘되는가? 사업은 사장 마음먹은 대로 가지 않는다. 회사가 망하는 것은 경영을 못 한 경우만이 아니다. 흑자 부도도 얼마든지 있다.

사장은 겉으로는 멋있어보이지만 속으로는 불쌍한 사람이다. 사장은 회사를 위해 때론 비굴할 정도로 아첨도 해야 하고, 아부도 해야 한다. 어디 그뿐인가? 직원들에게는 욕도 먹어야 한다. 그것이 사장의 본모습이다.

만약 당신이 돈으로 품위 있는 사장이 되려 한다면 그 돈을 차라리 사회봉사단체에 기부하는 것이 더 나을 것이다. 그러면 칭찬이라도 들을 것이며, 존경받을 것이다. 돈을 버는 사장은 그렇게 고귀하지도, 고상하지도 않다. 돈을 잘 버는 사장일수록 주변 사람들에게 좋은 소리 듣기를 포기해야 한다.

그것이 첫 번째로 가져야 할 사장의 마음 자세이다. 좋은 사람과 능력 있는 사람의 차이가 있듯이 좋은 사장이 능력 있는 사장은 아니다. 사람 좋다는 소리를 듣는 사장일수록 능력 있는 사장과는 거리가 먼 경우가 많다. 좋은 사람이라고 주변의 거래처가 손해를 보면서까지 물건을 납품하지는 않는다. 오히려 거래처 입장을 배려하면 단가를 더 부르고 틈만 나면 부실 제품을 납품하는 경우가 많다.

인심 좋은 사장은 항상 손해 보는 사장이다. 그러니 회사가 잘 될 수가 없다. 애당초 사장이 되기 전에 인심부터 잃을 생각을 하는 것이 좋을 것이다.

두 번째는 앞서 언급한 것처럼 확실한 사장이 되어야 한다. 즉 계산을 잘해야 한다. 따질 건 따지는 사장, 줄 건 주고 받을 건 확실히 받는 사장이 되어야 한다. 대충은 없다. 그것은 회사를 망하게 하는 것이다.

또한, 줄 것을 주고 받을 것을 받는 데에는 학연, 지연도 필요 없다. 오로지 거래만 있을 뿐이며 거래에 있어서 인정은 필요 없다. 그러기에 사장을 하려면 인심을 얻을 생각은 아예 하지 않는 것이 좋다. 차라리 사장이란 '빛 좋은 개살구'라고 생각하는 편이 좋을 것이다. 사실 사람이 살아가면서 학연이나 지연 등을 어떻게 무시하고 살 수 있겠는가? 그러나 거래를 위하여 만난 사이에서는 거래가 우선되어야 한다. 학연이나 지연을 따지는 것은 잘못된 것이다. 그래서 사장이 힘들다는 것이다.

셋째로 사장은 토사구팽도 감수해야 한다. 어떻게 보면 야비하다고 생각할 수도 있다. 하지만 어쩌겠는가. 이익을 남기는 것이 사업이니 이익을 위해서는 배신도 해야 하는 것이다. 사업은 이익을 좇는 것이지, 신세를 지는 것이 아니다. 그러기에 신세는 되도록이면 지지 않는 게 좋다. 나중에 배신자, 배은망덕한 자로 몰리는 경우가 허다하기 때문이다.

넷째로 사장은 뻔뻔해야 한다. 과거지사는 쉽게 잊어버려야 한다. 자존심은 돈 나가는 것이요, 사업을 망치는 것이다. 한마디로 속이 없어야 한다. 자존심도 없냐는 소리를 들어야 망하지 않는다.

사장은 엔지니어가 아니다. 일종의 세일즈맨이다. 장인정신으로 사업을 하기보다는 세일즈맨에 가깝게 일을 해야 한다. 잘 만든 제품보다 잘 팔 수 있는 제품을 생산해야 한다. 판매할 제품은 장인정신으로 만들어야 하지만, 실제로는 잘 팔릴 물건을 생산해야 한다는 것이다. 그것이 사장의 진짜 역할이다.

한마디로 이중인격자가 되어야 한다. 그것이 사장이 가져야 할 능력이다. 필자가 이처럼 사장의 자질을 나쁘게 이야기하는 것은 이런 자질 없이는 사업을 하기가 정말 힘들기 때문이다.

우리가 학창 시절 배운 도덕 교과서로는 사업을 할 수 없다. 게다가 도덕적으로 살면서 사장을 하라는 것은 눈을 감고 걸으라는 것보다 더 힘들고 어려운 것이다. 작은 돌부리에도 넘어지라는 것과도 같다.

필자의 말을 부정하고 사업을 한다면 당신은 많은 어려움에 부딪힐 것이다. 그러면서도 사장을 하려고 한다면 차라리 수도자가 되는 것이 나을 것이다.

사장은 백조와 같다. 호수에 떠있는 백조는 우아한 자태를 뽐내고 노닐고 있지만, 물속을 들여다보면 열심히 발을 젓고 있다. 열심히 발을 젓지 않는 백조는 우아한 모습으로 있을 수 없다. 사장도 마찬가지다. 고귀해보이는 모습 뒤에는 힘들고, 추한 모습이 존재한다는 것을 알아야 한다. 막연히 사장의 겉모습만을 동경하여 사장이 되길 바란다면 차라리 포기하는 것이 최선의 선택일 것이다.

ⅢⅢ 인생의 목적을 구하라

많은 사람이 한 번쯤은 독립하여 언제 자기 일을 해볼 수 있을까 하고 고민하는 것 같다. 큰 회사의 중역이나 부장과 같은 요직에 있는 사람조차도 한 번쯤은 독립하려고 진지하게 고민했다고 실토하는 것을 본다. 그러나 수없이 생각을 하면서도 좀처럼 독립할 용기가 나지 않아 시기를 놓치는 경우가 허다하다.

그리고 샐러리맨이라면 누구나 다 독립과는 관계없이 한두 번쯤 회사를 그만두고 싶다고 생각한 적이 있을 것이다. 그러나 대부분의 사람들이 미래에 대한 불안이나 주위 사람들의 설득으로 그만두는 것을 단념했을 것이다. 그러다 미처 준비하지 못한 명예퇴직이나 실직으로 가정에 많은 문제를 일으키곤 한다.

점점 회사를 그만두고 독립하는 사람이 늘어나는 추세이다. 소자본으로도 창업할 수 있는 사업이 많아졌고, 경험이 없는 사업 초보에게도 경영 방법이나 노하우를 친절하게 가르쳐주는 시스템이 발달했기 때문이다.

필자 역시 이 책을 통해 독립하고자 하는 사람을 위한 사업 지식을 지극히 초보적인 지식을 제공함과 동시에, 성공하지 않으면 안 되는 예비 사장들에게 창업함에 있어서 무엇보다도 중요한 것은 나름대로의 준비와 노력, 체력이 따르지 안 된다는 것을 알리고 싶었다.

일단 샐러리맨을 벗어나 사장이 되었지만, 사업이 잘 안 되어 창업한 것에 대하여 후회하는 사람이 많다. 필자도 40년 전 처음 사업할 때에는 어려움이 닥칠 때마다 사업한 것을 무척 후회했었다. 그러나 아무리 후회한들 다시 예전으로 되돌아갈 수는 없는 노릇이어서 그때마다 마음을 바꾸어 먹고 이를 악물고 노력했다. 그래서 좋은 결과를 얻을 수 있었다.

▓▓▓ 한 번밖에 없는 인생에 도전하는 것이 사장이다

인생은 누구에게나 한 번밖에 없는 것이기 때문에 마음껏 자기 능력을 발휘하며 의미 있는 인생을 보내고 싶은 것이 인간의 심리이다. 그렇기 때문에 사람들은 샐러리맨 생활을 벗어나 자신의 능력을 마음껏 발휘해보고 싶은 것인지도 모른다.

조직에 얽매여 자유스럽지 못하다든가, 실적이 좋든 나쁘든 임금에 큰 차이가 없다는 등의 생각이 강하게 들면 들수록 샐러리맨 생활을 집어치우고 싶은 마음이 간절해진다. 그러나 세상은 그렇게 호락호락하지만은 않다. 샐러리맨 생활을 그만두고 독립한다고 해서 잘된다는 보장은 어디에도 없다. 자칫 잘못되면 자금난으로 고리대금에까지 손을 대고 변제할 길이 막연하여 도망 다니는 신세가 될지도 모른다. 아예 알거지가 될 수도 있다.

독립은 이와 같이 여러 가지 위험을 안고 있다. 그렇기 때문에 주도면밀한 준비와 계획이 필요하며, 혼자만의 지식과 경험을 가지고는 불안하기 때문에 누군가 상담 상대가 필요하다. 게다가 자금 때문에 여러 가지로 손을 쓰지 않으면 안 된다. 이렇게 쉽지만은 않은 일이지만, 단 한 번뿐인 인생이기 때문에 자기 생각대로 하고 싶은 사람은 하는 것이 좋다. 그리고 준비와 계획을 철저히 하여 반드시 성공하도록 한다.

사업을 시작하는 이유나 동기는 자기 나름대로의 인생 설계에 근거한 적극적인 것이어야만 한다. 단순히 직장이 재미없어서, 인간관계로 괴로워서, 좌천되거나 장래성이 없어서 또는 실직 때문에 무조건 해보자는 식의 소극적인 생각으로 사업을 시작한다면 필자는 그다지 권하고 싶지 않다.

ⅢⅢ 성공하는 사장과 실패하는 사장은 차이가 있다

성공하는 사장은 돈에 엄격하고 적극적이며, 자기통제를 잘한다. 그리고 어려운 환경에서도 견뎌내어 한 발 한 발 착실하게 일을 추진해가는 사장이다.

반대로 실패하는 사장은 일에 싫증을 잘 내고 조금만 힘들어도 도망가는 사장이다. 게다가 돈에 흐리멍덩하여 쓸데없는 지출이 많다. 이런 사람은 자주 장사를 바꾸거나 조금만 힘들어도 도망가기 때문에 사업을 계속 추진해나가는 능력이 결여된 사람이다.

예를 들어 좀비 족으로 찍혀 회사를 그만두게 된 사람이라면 절대로 사장이 되어서는 안 된다. 사장이 되면 모든 것을 혼자서 책임져야 한다. 조금만 실수하거나 잘못해도 전부 자기에게 돌아오기 때문에 한시도 마음을 놓을 수 없다. 그런 사람은 내조자의 도움 없이 사업을 하면 거의 실패한다.

창업하여 사장을 하려는 사람은 상당한 각오를 한 후 행동해야 한다. 도중에 그만둘 바에는 처음부터 안 하는 게 낫다. 자신이 좀비족에 가깝다고 생각되면 재고하는 것이 좋다. 현실을 도피하기 위해 사업을 시작하여서는 안 된다. 순간적으로 좋은 아이디가 떠올랐다고 창업을 하는 것도 매우 위험한 발상이다. 창업을 하기 전에 사전에 충분한 검토와 시장조사가 우선되어야 한다. 필자가 회사를 운영하면서 많은 직원을 고용한 경험을 볼 때 사장감은 뭔가 달라도 달랐다. 당시는 필자 밑에서 일은 하고 있지만 추후 충분히 사장감이 될 만한 직원들을 많이 보았다. 그런 직원들의 공통점은 회사의 매출을 올려주는 것은 물론, 회사의 발전을 자신의 발전처럼 열심히 일하며 회사의 비품 하나도 아껴 쓴다. 이러한 직원이 나중에 회사를 나가 창업을 하여 성공을 하는 것을 많이 보았다. 회사에서 능력을 인정받지 못하는 사람은 창업을 하여도 성공하기가 어렵다. 다니던 회사에 사표를 던졌을 때 사장이 잡으려는 노력을 하지 않는다면 자신의 능력을 객관적으로 평가가 된다는 것을 알아야 한다.

ⅢⅢ 회사를 만드는 방법을 알아야 한다

회사를 만들기 위한 제반 법률 수속은 세무사와 법무사에게 자문 또는 의뢰를 한다. 그러나 세무사나 법무사에게 의뢰하기 전에 스스로 결정해야 하는 사항도 많다. 최소한의 지식이 없으면 곤란하다.

예를 들면, 주식회사(株式会社)로 할 것인가 유한회사(有限会社)로 할 것인가, 발기인이나 임원은 누구로 할 것인가, 출자금은 얼마로 하고 회사 이름(상호)은 어떻게 할 것인가 등을 미리 결정해야 한다. 필자는 이러한 최소한의 지식도 없어서 힘든 적이 있었다.

회사를 만드는 방법에 대해서는 상세히 정리된 책이 얼마든지 있기 때문에 좀 더 구체적인 것을 알고 싶은 사람은 그러한 책을 참고하기 바란다.

여기서는 주식회사인 경우 법인으로 설립하여야 하는데, 법무사에게 법률상의 수속을 의뢰하기 전에 반드시 알아야 하는 최소한의 지식을 다루었다. 물론 법무사에게 의뢰를 하면 법무사가 알아서 해주겠지만, 법인이 무엇인지도 제대로 모르면서 법인 설립을 하는 사람들이 많다. 그냥 주변에서 법인 설립을 하면 세금을 적게 낼 수 있다느니, 민·형사적 책임을 면할 수 있다느니와 같은 귀동냥으로 들은 말만을 듣고 법인 설립을 하는 경우가 있다.

필자는 20년간 창업 컨설팅을 해주면서 정말 한심한 경우를 많이 보아왔다. 그런 사람이 창업을 해서 과연 성공할 수 있을까? 최소한의 주식회사 만드는 법률 상식과 이유는 알고 창업하라고 권하고 싶다. 회사 창업은 누구나 할 수 있다. 그러나 성공하는 사장은 누구나 되는 것이 아니다. 창업 전에 철저한 준비를 하고 사업을 하는 것은 기본 중의 기본이다. 창업을 하려면 관계 법령은 물론 노동법률까지 상세히 알아야 한다.

ⅢⅢ 어떤 회사를 만들 것인가?

회사의 종류에는 일반적으로 회사에는 합명회사, 합자회사, 주식회사, 유한회사의 네 종류가 있다.

이 회사들은 상법에 의하여 설립이 규정되어있다. 대개가 주식회사로 전체 회사 수의 약 90%를 차지하고 있고, 합명회사, 합자회사, 유한회사의 수는 전체의 약 10% 정도밖에 안 된다. 네 회사의 차이는 다음과 같다.

합명회사는 두 명 이상이 출자하여 만든 회사로 회사 부채에 대해 사원 한 사람, 한 사람이 무한 책임을 진다.

합자회사는 무한 책임 사원과 유한 책임 사원으로 나눈다. 전자는 합명회사 사원과 같이 무한 책임을 지고, 후자는 출자액 한도 내에서 유한 책임을 진다.

주식회사는 주주가 출자금 범위 내에서만 회사의 손실에 대해 책임을 진다(출자금 범위 내에서 유한 책임).

유한회사는 설립 수속도 간단하고, 비용도 별로 들지 않아 소규모에 알맞다. 사원은 출자액 한도 내에서만 책임을 진다.

설립 수속 시 법적인 지식이 필요하기에 전문가인 법무사나 세무사에게 상담하거나 의뢰하는 것이 좋다. 그러나 법무사나 세무사도 상업등기를 제대로 못 하는 경우가 있다.

여기서 제대로 못 한다는 것은 원론적인 지식으로만 상업등기를 처리하면 낭패를 본다는 것을 말한다. 특히 급히 설립을 하는 경우에는 더욱 그렇다. 그래서 상업등기 전문 법무사나 세무사를 찾는 것이 좋다. 회사를 어떻게 운영할 것인가, 어떤 방식으로 설립할 것인가를 충분히 고려하고 설립하여야 추후 두 번 일하는 일이 생기지 않는다.

주식회사 설립 시 알아야 할 상식

주식회사는 말 그대로 주식회사이기에 주식을 많이 보유한 사람이 주인이 되는 것이다. 더 정확히 말하면 과반수의 의결권이 있는 사람이 대표권을 가지고 회사의 운영을 좌지우지하는 것이다. 일반적으로 사업 초기에는 창업자가 주식의 전부를 보유하는 경우의 1인 이사도 운영도 하지만 때론 가족 등 우호지분을 가지고 운영하는 경우도 있다. 주식회사는 주식의 보유 지분으로 의사 결정을 하는 구조이기 때문이다. 49%의 지분을 10명이 가지고 있어도 51%의 지분을 1명이 가지고 있다면 49%의 주식 지분이 10명이라도 51%의 1명이 모든 의사 결정권이 있다고 보면 된다. 그래서 회사가 부도가 나면 주식회사라도 51%의 지분자는 민사적인 책임을 묻기도 한다. 원래 주식회사는 출자한 지분만큼 의결권이 있고 출자한 지분만 손실을 보는 것이 상식적이나 51%의 1인 지분자가 절대적으로 권한을 행사하여 회사를 부실로 만들었다면 그 책임을 묻기도 한다. 그래서 우호지분으로 나누어 설립을 하는 경우도 많다. 주식회사를 설립할 때 주의할 점은 마지막에 기술한 부록에 자세히 설명하였으니 부록을 참고하시길 바란다.

▥ 창업 시 세심한 데까지 마음을 두루 쓰는 것이 경영 포인트이다

창업 시에는 여러 가지 문제점이 많이 발생한다. 무엇을 어떻게 하면 좋을지 몰라 ABC의 A조차 되어있지 않은 경우가 많고, 정말로 무슨 일이 날지 모른다. 그렇기 때문에 세심한 곳까지 일일이 신경을 써야 한다. 사람, 물건, 돈, 관리 정보 등 세밀하게 리스트를 만들어 체크하는 것이 좋을 것이다. 그래야 예기치 않은 문제가 일어나 허둥지둥 않게 된다.

특히 문제가 발생하면 그 즉시 사장이 직접 해결하는 것이 필요하다. 늦으면 늦을수록 문제 해결이 어려워진다. 창업 시에는 예상치도 않은 문제가 계속 발생하고, 이에 대응하기 위해 분주하게 돌아다녀야 하는 경우가 많다. 문제점이 생기면 과감하게 맞서서 재빠르게 해결하는 것이 제일이다. 창업할 때부터 회사 운영이 잘 되는 경우는 거의 없다.

따라서 그만큼 고난을 견딜 수 있는 강인한 정신력과 투지가 없으면 도중에 좌절해버린다. 인간이 나약해지기 시작하면 상황은 점점 나쁜 쪽으로만 나아가게 된다. 괴로울 때는 지금은 참아야 할 때라고 생각하고 힘내야 한다. 진지하게 몰두하다 보면 누군가 응원해주거나, 새로운 지혜가 번득이든가, 예상치 않은 주문이 날아오는 등 사태를 타개할 수 있는 일이 일어난다. 모든 문제는 회사가 세워지기 위한 산고이며, 이를 극복하고 나면 발전으로 연결된다는 것을 믿고 노력할 수밖에 없는 것이다. 불굴의 투지로 재빠르게 문제를 해결하는 것이 창업 시 경영 포인트이다.

창업 시에는 그야말로 24시간 체제가 되어 열심히 하지 않으면 안 된다. 모든 자기 생활을 일 중심으로 전력투구하지 않으면 경영은 잘 되지 않을 것이다. 밤에 잠을 자려고 누워서도 회사 걱정으로 잠을 설치는 경우가 허다하다. 생각대로 매출이 오르지 않아 어떻게 하면 좋을까 하고 고민하며 뜬눈으로 밤을 새우는 등 누구나 다 고생을 하게 마련이다. 필자는 젊은 창업자들에게 농담으로 자주 피오줌을 싸야 사장의 제구실을 한다고 농담을 하기도 한다. 이것은 소변에서 피가 나올 정도로 고생하지 않으면 자기 몫을 다하는 사장이라고 할 수 없다는 뜻이다. 사장이라는 이름만 내세우고 허세에 치중하다 보면 바로 도산하기에 십상이다. 그보다는 경영을 궤도에 올려놓기 위해서 어떻게 하는 것이 좋을지 24시간 내내 마음속 깊이 생각해야 한다. 좋다고 생각하면 어디에 가서 무엇을 보더라도 경영의 힌트를 얻을 수 있다.

샐러리맨이 더 편하고 좋았다고 후회해서는 안 된다. 창업하고 3년 정도는 그야말로 앗 하는 사이에 지나가버리며, 잠깐만 손을 떼도 곧 도산의 위기에 몰리게 된다. 회사가 망하지 않도록 온 힘을 다해야 하며, 평소에 건강관리를 잘하여 언제나 전력투구할 수 있도록 한다. 그러면 반드시 잘될 것이다. 당신이 하기 나름이므로 포기하지 말고 끈질기게 열심히 해야 한다.

강남 할배 왈 ————————————————————————●

네트워크 마인드는 나만이 언제까지고 잘된다는 보장은 없다. 회사가 쓰러지면 과거에 누렸던 영광도 사라져버린다. 하루하루가 진지한 승부의 나날이다. 행운이나 명성을 너무 추구하지 말라. 겸손은 사장의 기본적인 네트워크 마인드다.

02

PEOPLE AND RELATIONSHIPS

⫶⫶⫶⫶ 인간관계의 네트워크를 확대하라

사장은 세일즈맨이다. 사장은 언제 어디서나 항상 영업하는 자세가 필요하다. 영업을 할 줄 모르는 사장은 사장이 아니다. 모든 사업의 기본은 영업이기 때문이다. 사장은 영업을 위해 많은 사람을 알아야 하며, 회사가 망하지 않으려면 모든 주변 사람들을 최대한 활용해야 한다. 그것이 바로 사장이 해야 할 일이다.

사장은 자신의 일을 제대로 수행하기 위해 사장의 일을 도와줄 사람을 필요로 한다. 그런데 그것을 직원들로 국한한다는 것은 매우 힘들게 사업하는 것이다. 사업은 사장 혼자 독불장군처럼 나서서 하는 것이 아니다. 모두가 협력하고 도와주는 것이 사업이다. 따라서 인간관계의 네트워크를 잘 형성해야 한다.

우선 주변의 형제나 친척 등의 혈연을 잘 관리해야 한다. 우리나라 정서는 아직 혈연을 무시할 수 없다. 그렇다고 무작정 혈연에 의지해서도 안 된다. 혈연관계는 상대에게 부담을 주는 관계여서는 안 되며,

항상 편안한 관계이어야 한다. 또한, 예의를 지켜야 한다. 혈연관계는 서로 안 만날 수가 없으며, 조금 소원해져도 금세 풀어질 수밖에 없는 관계이다. 남이라면 안 만나도 되지만, 혈연관계는 만나기 싫어도 만나야 하는 경우가 많기 때문이다. 그러니 혈연관계는 상생 관계, 도움을 주는 관계가 되어야 한다.

우리나라처럼 혈연관계를 중시하는 환경을 제대로 활용하지 못하는 사람은 어려움에 처했을 때 오로지 이해관계인에게만 의지하여야 한다. 혈연관계의 네트워크는 비즈니스에서 가장 손쉽고 편하게 활용될 수 있다. 설사 약간 실수하더라도 용납되는 것이 혈연관계가 아닌가? 혈연관계는 넓힐 수 있는 만큼 최대한 넓혀라. 모르는 사람과 비즈니스를 하는 것보다 유리한 점이 많다. 어려운 일을 부탁할 때도 어렵지 않으며, 상대를 설득하는 데도 시간이 많이 소용되지 않기 때문이다.

둘째는 지연이다. 지연 중에서도 친구들과의 네트워크는 매우 신중해야 한다. 어릴 적 마음만으로 네트워크를 구성한다면 마음의 상처는 물론 당신의 비즈니스에도 엄청난 영향을 줄 수 있다는 것을 알아야 한다. 친구 따라 강남 간다는 이야기는 사업을 하는 사장이라면 이젠 잊어야 할 옛이야기다. 사장은 친구를 따라가는 것이 아니고 따라오게 하는, 즉 당신의 비즈니스에 따라오게 만드는 네트워크를 만들어야 한다.

사실 학창 시절의 친구는 사장이 되는 순간 경계 대상 1순위이다. 친구를 막역하게 신뢰한다는 것은 매우 어리석고 위험하기 때문이다. 특히 동창이라는 이유만을 가지고 접근하는 친구는 더욱 그렇다. 동창들과 편하게 지내려면 같이 사업을 하지 마라. 그러면 편하게 지내도 된다. 하지만 당신이 사장이라면 동창은 결코 편한 관계가 아님을 명심해라. 친구 때문에 실패한 사람들의 공통점은 어릴 적 추억과 현실을 구분하지 못하는 데에 있다. 사장이라면 친구 관계를 잘 정립해야 한다. 그러지 않으면 언제 망할지 모르며 관계가 잘 정립되지 않은 친구와 사업을 공모한다면 위험을 맞게 될 것이다.

다음은 학연이다. 우리의 정서상 선후배 간의 예우는 남다르다. 그러나 동기도 경계 대상인데, 선후배는 말할 것도 없다. 한마디로 체면 때문에 사업을 망친다. 특히 사장은 후배를 멀리해야 한다. 후배를 많이 아는 사장은 발전하지 못한다.

초창기에 사업을 일으키기 위해서는 후배를 멀리하고 선배를 가까이해야 한다. 후배를 많이 알수록 청탁이나 불리한 계약을 하기 일 쑤다. 또한, 후배에게 부탁을 하기란 쉬운 일도 아니고, 자존심도 상하기 때문에 사업에 별로 도움이 되지 않는다. 그렇지만 선배는 이와 반대로 부탁이 편하고, 떼도 부릴 수 있지 않은가? 그래서 좋은 선배를 많이 만나야 성공하기가 쉽다.

ⅢⅢ 가족의 협력이 중요하다

사업을 하기 위해서는 첫째 조건은 가족의 협력이다. 이러한 지원 없이는 성공하기가 쉽지 않다. 가족의 반대를 무릅쓰고 자기식대로 돌진하면 처음에는 물론이고, 나중에 반드시 불협화음이 생긴다. 독신이라면 친형제, 특히 부모의 지원이 꼭 필요하다. 기혼자라면 아내와 남편의 협력이 필요하다. 아내나 남편이 마음으로부터 찬성해주지 않는 한 성공하기는 힘들다.

사업을 시작할 때에는 주위 사람들을 충분히 설득시킬 수 있는 이론적인 근거가 필요하다. 물론 사업은 일종의 도박이기 때문에 이론대로만 되는 것은 아니다. 만일 당신의 결심이 단호하고 위험에 도전할 수 있는 용기나 설득력이 있다면 가족의 협력을 기대할 수 있다. 그러나 누가 보더라도 무모하다고 여겨지는 일은 주위를 걱정시킬 뿐이다. 가족들이 끝까지 반대한다면 당신 생각이나 행동이 무모하기 때문일 것이다. 이럴 때는 잠시나마 보류하는 것이 좋다. 시간은 얼마든지 있기 때문에 머리를 식히면서 재고해본다. 반성의 시간도 필요하다. 인간은 감정의 동물이기 때문에 감정이 앞서게 되면 다른 것은 눈에 들어오지 않는 법이다. 그러다 나중에 생각하면 그때 왜 그랬을까 하고 생각하는 경우가 많다.

사장이 되겠다고 결심했을 때 무슨 일이 있더라도 가족만은 굶기지 않겠다고 생각하자. 혼자라면 몰라도 자녀들이 있을 때는 더욱 그렇다. 이렇게 정신적으로 배수진을 칠 필요가 있으며 한 번 시작한 이상 절대로 우는소리를 해서는 안 된다. 직장을 그만두지 않았으면 좋았을 것이라는 말을 가족 앞에서 절대로 해서는 안 된다. 힘들어도 끝까지 참고 언제나 밝은 얼굴로 가족을 대하도록 한다. 이 정도도 할 수 없다면 처음부터 시작하지 마라.

또한, 경제적으로도 배수진을 친 후에 시작하는 게 좋다. 유력한 후원자를 찾아야 한다. 창업하여 성공하기 위해서는 유력한 후원자가 있는가의 여부가 중요하다. 유력 인사가 전면적으로 도와주면 성공할 확률은 그만큼 높아진다. 필자는 독립할 때 누구와도 상담하지 못했다. 그래서 힘든 사업을 하였다. 생각해보면 그때 후원자를 친인척에서 찾으려 했던 것이 문제였다. 그러므로 평소에 유력 인사의 후원을 받을 수 있도록 항상 마음을 써라. 단순히 직업 때문에 감정적으로 결심한 사람은 이런 준비도 되어있지 않을 것이다.

또한, 사업을 하기 전에 관련 기업 사장들과의 인맥을 쌓아야 한다. 가장 바람직한 것은 일정한 매출을 확보한 후 독립하는 것이다. 매출이 있는 한 일이 있기 때문에 먹고살 걱정은 없다. 따라서 유력한 후원자가 매출이 되어줄 때 성공할 확률이 가장 크다. 앞으로 독립할 생각이 있다면 계획적으로 미리 자기 매출을 만들어야 한다. 사업을 처음 시작하여 성공한 사장의 경우를 보면 자신의 매출을 갖고 시작하는 경우가 제일 많다. 종종 정보나 아이디어를 사업의 대상으로 하는 업종에서는 몇 명이서 새 회사를 만드는 경우가 많은데, 이것은 비교적 혼자보다는 여러 명의 매출 고객을 확보하기가 쉽기 때문이다. 설비 투자나 자금이 그다지 필요하지 않은 업종에 창업하는 것도 좋은 방법이다. 이처럼 성공하기 위해서는 매출을 올릴 수 고객을 미리 확보해두는 것이 좋다.

▥ 모든 인맥을 활용한다

사람과 사람의 관계가 비즈니스에 막대한 영향력을 끼치므로 지금까지 맺어온 인맥을 충분히 활용해야 한다. 조금이라도 안면이 있는 사람은 안정된 고정 고객이 될 가능성이 크다. 그렇기 때문에 지금까지 면식이 있는 사람들과 어떤 형태로든 관계를 돈독히 해둘 필요가 있다. 회사를 건립했을 때 당연히 안내장을 보내야 하며, 중요한 몇 명에게는 직접 인사를 하러 가거나 전화로 연락하는 등 중요도에 따라서 행동한다. 필자가 아는 모 사장은 회사에 불이 나자 순간적으로 가지고 나온 것이 고객의 명함 다발이었다고 한다. 이것만 있으면 어디에 가더라도 장사를 할 수 있다고 하는 것이 그 사장의 이야기였다. 어떤 의미에서 인맥이라는 것은 장사의 출발점인 것이다.

사장은 인맥도 가끔씩 체크해야 한다. "명함을 정리하다 보니 당신이 생각나더군요. 참 오랜만입니다. 건강하십니까?" 하고 전화를 걸어 상대에게 강한 인상을 심어주는 것이다. 어떤 때에 어떤 사람이 도와줄지 모르기 때문에 폭넓게 인맥을 만들어야 하며, 상대가 무엇인가 응원을 해주고 싶어 할 정도의 인간관계를 만드는 것이 중요하다. 은혜를 베풀 때는 크게 베푸는 것이 좋다. 당신이 곤란에 처했을 때 이 은혜가 되돌아와 누군가가 당신을 도와주기 때문이다. 저 사람에게는 큰 신세를 졌다는 생각이 들도록 베푸는 것이 인맥 활용의 기본적인 포인트이다.

사장에게 인맥은 정말 중요하다. 인맥을 만드는 것은 동종 사업자와의 거래 관계를 넓고 깊게 하는 것만을 뜻하지는 않는다. 비즈니스가 여러 상황을 내포하고 있고 더욱더 다각화되고 있기 때문에 인간관계의 폭을 더 넓히지 않으면 안 된다. 동종업계 이외의 집회에서 가능한 한 자주 참가하여 얼굴을 익히고 신용을 쌓도록 한다. 이렇게 기반이 강하면 강할수록 사업하는 데 필요한 정보를 얻을 수 있는 기회가 더 많이 주어지는 것이다. 다방면에서 정보가 모이지 않으면 사업은 확대되지 않는다. 그렇기 때문에 발을 넓히는 것이 중요하다.

강남 할배 왈 ————————————————————●

관리의 원칙은 사장이 하나에서부터 열까지 스스로 결정해야 한
다. 누구도 대신 책임질 사람은 없다. 사장이 알지 못하는 일이 사
내에서 벌어지고 있다면 정말로 무능한 사장으로 회사에는 큰일이
다. 무슨 일이든지 보고하게 하라.

03

MANAGEMENT

ⅢⅢ 사장과 직원은 다르다

아무리 훌륭한 직원도 사장만 할 수는 없다. 이것은 직원을 신뢰하는 것과는 다르다. 회사에 매출이 없어 적자가 나도 직원은 월급을 수령하며, 월급이 밀리기라도 한다면 다른 직장을 알아보려 한다. 물론 일부 그렇지 않은 직원도 있지만, 그런 직원을 찾기란 매우 어려운 일이다. 직원은 직원일 뿐 절대로 사장을 대신할 수 없다. 일을 잘한다고 사장처럼 할 수는 없는 것이다.

대부분의 직장인은 직장을 선택할 때 첫째 월급을 보고, 두 번째로 비전이나 취미를 고려한다. 사장은 운명을 거는 한판 승부이지만, 직원은 잘되면 좋고 아니면 말고가 대부분이라 할 수 있다. 많은 사장이 직원에게 의지하다 실패하는 경우가 많다. 지금의 직원이 영원히 당신의 충복이 될 거라고 생각하는 것은 망상에 가깝다.

그것은 직원도 마찬가지이다. 단지 말을 안 할 뿐 서로가 서로를 위해 일한다고 생각한다. 사장은 돈을 못 벌어도 빚을 내어 월급을 주면서 직원을 챙긴다고 생각하지만, 직원은 적은 급여를 받으면서도 일을 해주는 것을 사장이 고마워해야 한다고 생각한다. 직원들은 자신의 능력보다도 사장의 무능력으로 돈을 못 번다고 생각한다. 또한, 돈이 잘 벌리면 사장은 위험을 감수하고 투자한 자신의 탁월한 선택 때문이라고 생각하지만, 직원은 자신이 일을 잘해서 돈을 번 것이니 월급을 올려주길 내심 바란다. 직원은 회사가 망하는 것은 사장의 문제지, 자신의 문제가 아니라고 생각한다. 특히 기능공이나 전문가일수록 그런 사람들이 더 많다. 그들은 회사가 망해도 갈 곳이 많기 때문이다. 그런 직원들에게 사장의 마음을 이해하길 구한다면 참으로 답답한 사장이다.

회사와 사장은 동격이지만, 직원은 회사와 동격이 될 수 없다. 직원들은 바보가 아니다. 언제든지 해고의 권한을 가진 사장을 위해 모든 것을 바치지 않는다. 만약 요즘에 그런 직원이 있다면 그는 무능한 사람이거나 순진한 사람이다. 예전 어렵던 시대에는 그런 직원이 있었다. 지금은 그런 직원을 아예 찾지 않는 것이 좋을 것이다. 회사가 아무리 어려워도 파업을 강행하는 것이 요즘의 노동조합이다. 그들은 자신들의 삶의 질이 보장되는 것이 우선이며, 회사의 어려움은 두 번째다. 그들에게 사장은 자기들의 임금을 착취하여 배부르게 사는 사람이라고 생각한다. 따라서 회사 발전보다는 자신들에게 회사의 이익 분배에 더 관심이 많다. 이익을 어떻게 분배하여 줄 것인가에 관심이 집중되어있는 직원에게 사장처럼 되어주길 바란다면 그것은 시대착오적인 발상이다. 사장은 월급을 잘 주어야 사장이다. 월급을 적게 주거나 미룬다면 사장의 권위나 위신은 포기해야 한다. 아니 망신을 안 당하는 것만으로도 감사하게 생각해야 한다.

사장은 아무나 될 수 있다. 하지만 사장의 권위와 위신을 지키고 사는 사장은 그리 많지 않다. 그냥 욕만 안 먹어도 좋은 사장이다. 거래처에 욕을 먹는 것은 그래도 낫지만, 자신의 직원들에게 욕을 먹으면서 일하는 사장은 참으로 애처롭고 한심한 사장이다. 인간은 다 자신에게 맞는 그릇이 있다. 사장 자리를 지키려면 그 대가를 치를 각오를 해야 한다. 직원들이 자신과 같을 거라는 망상으로 사장 자리를 고수한다면 그 사장은 머지않아 망신을 당하고 말 것이다.

▓ 현장에서의 실전 경험이 중요하다

어떤 일이든 한 번도 실패하지 않고 담당 업무를 해치웠다는 직원은 아무도 없을 것이다. 구매 담당 업무는 사장이 직접 해야 하는데 덤핑 투매품을 많이 사본 경험이 있다면 그때의 실수가 다음 구매에서는 반드시 활용될 것이다. 사장은 현장 경험을 통해 일에 정통하게 되고, 실패하더라도 그것이 경험되어 다음 기회에는 더욱 도약하게 된다. 한 번 실패하면 직원에 의지하여 담당 업무를 직원으로 바꾸는 경우가 있는데, 이런 일은 잘 생각해서 신중하게 처리하는 것이 좋다. 구매 업무는 현장 경험을 통해 급속히 수준이 향상되기 때문이다. 구매처의 장단점을 파악하는 능력, 상품의 흐름을 충분히 파악하는 데 필요한 시간, 잘 팔리는 상품을 꿰뚫어 볼 수 있는 감각과 같은 것은 상당수가 경험으로 배양된다.

작은 회사에서는 사장이 구매 업무를 겸임해야 한다. 처음에는 영업 업무를 하는 직원에게 업무를 겸하게 하면서 조금씩 구매를 시작하여 차차 구매의 비중을 높여나가는 것이 보통의 방법이다. 그러나 대부분의 경우 사장이 오랜 세월에 걸쳐 구축한 경험과 감각에 의해 구매를 한다. 이때 개인적인 좁은 경험이나 감각에 의존하게 되면 포인트를 벗어나 손해를 보는 경우가 종종 생긴다. 구매처의 정보, 자사 영업사원의 정보, 시장에서 자기 눈으로 확인하고 발로 뛰어 얻은 정보, 수준 높은 동종업계 경쟁사의 정보 등 여러 가지 요소를 비교하여 가능한 한 객관적으로 포인트를 압축시키는 것이 좋다.

그러나 마지막에 가서는 역시 구매 담당자나 사장의 개인적인 판단 능력이 문제가 된다. 그렇기 때문에 가능한 한 현장 경험을 단기간 내에 많이 쌓아 시행착오를 반복하면서 착오를 줄여나가는 수밖에 없다. 오랜 경험만이 능사는 아니다. 구매 담당과 사장의 보는 시각은 다르다.

▓ 생산 현장을 꼭 확인한다

구매 시 사장은 담당자와 같이 구매처를 반드시 시찰하여 상황을 자신의 눈으로 확인할 필요가 있다. 특히 구매처가 작은 회사일 때 경영이 안정되어있지 않은 경우가 많기 때문에 반드시 현장을 보고 만일에 대비해야 한다.

외주 거래처일 경우, 경우에 따라서는 경영까지도 하지 않으면 안 된다. 제조업체라면 우선 납품처로부터 안정적으로 물품을 공급받는 것이 중요하다. 자사의 생산 계획에 따라 필요한 원자재가 막힘없이 조달되지 않으면 생산은 멈추어 버린다. 제조업체는 공장을 언제나 풀가동시켜야 하기 때문에 원자재 공급이 멈추면 치명적인 손해를 입게 된다. 공장을 풀가동시키기 위해서는 제품이 잘 팔리지 않으면 안 되고, 필요한 원자재도 원활하게 조달되어야 한다. 그런 이유에서 구매처로부터 안정적으로 공급받을 수 있는 것이 첫째 포인트이다.

도매상이나 소매상은 구매처로부터의 물품 납기가 중요하다. 판매는 타이밍이 중요하기 때문에 잘 팔릴 때 상품이 얼마나 순조롭게 입하하는가가 포인트가 된다. 이때 구매처의 공급 능력이 문제가 된다. 그러므로 구매처의 공급 능력을 직접 사장의 눈으로 확인하는 것이 필요하다. 구매처가 자기 회사보다 크면 안심하기 쉬우나, 자사보다 판매력이 있는 경쟁사에 상품이 흘러가지는 않는가도 확인해야 한다. 제조업체라면 구매처가 자기 회사보다 대량으로 구입하는 경쟁 제조업체에 우선 공급하여 자기 회사에의 공급이 불안정하게 되지는 않는지 확인해야 한다.

또한, 당신이 운영하는 제조업체라면 생산라인을 항상 점검하여야 한다. 직원들이 알아서 할 거라는 생각은 버려라. 직원은 사장처럼 절실하지 않다. 또한, 시야를 넓게 보지는 않는다. 자신의 업무에만 집중을 하기에 전체적인 흐름을 읽지 못하는 경우가 많다. 그래서 생산현장을 항상 주의 깊게 봐야 한다.

ⅢⅢ 거래처의 기술 수준을 확인한다

구매처의 기술 수준과 앞으로의 수준 향상 가능성을 정확하게 파악하는 것이 중요하다. 어떠한 상품이라도 높은 기술 수준을 지닌 구매처로부터 구입하는 것이 좋다. 기술 수준이란 제품을 만드는 생산 기술 수준, 혹은 새로운 소재를 개발하거나 색다른 소재를 사용하여 언제나 새로운 상품을 만드는 기술 수준을 말한다. 이런 구매처는 언제나 새로운 것을 추구하며, 연구와 조사를 활발하다. 어차피 구매한다면 이런 구매처가 자기 회사에도 좋은 자극을 준다.

또한, 스스로 향상하고자 하는 의욕이 있는 구매처를 찾는 것이 중요하다. 의욕적인 구매처라면 이런 점이 곤란하다든가 이런 물건이 필요하다든가 하는 이쪽 요구에 대해서도 진지하게 부응해줄 것이다.

바람직한 기술 수준에 있는 구매처는 자기 회사의 요망에 부합할 수 있는 능력을 가진 스텝을 갖추고 있고, 무슨 일이 있을 때는 재빠르게 자기 회사를 위해 움직여줄 수 있다. 세상은 이제 하이테크 시대이기 때문에 기술 수준이 너무 낮다든가 이쪽에서 기대하는 수준 이하여서는 안 된다. 그런 구매처와 거래를 하면 경쟁사보다 뒤떨어진다. 그렇게 되지 않기 위해서도 구매처의 기술 수준을 올바르게 확인해야 한다. 요즘은 인터넷의 발달로 유사제품의 검색이 가능하고, 사전에 제품에 대한 가격 비교는 물론 성능에 대하여 많은 정보를 얻을 수 있다. 또한, 납품처에 대한 평가도 사전에 인터넷을 통하여 알아볼 수가 있다. 정보가 바로 회사의 운명을 좌우한다는 것을 잊지 말아야 한다. 수시로 관련 기술 또는 상품 등에 대한 정보 습득을 게을리하여서는 안 된다.

ⅢⅢ 현장주의를 철저히 지켜라

사장의 눈과 발로 사실을 확인하는 것을 현장주의라 한다. 작은 회사에서는 사장이 먼저 이러한 원칙을 철저하게 실행하는 것이 좋다.

우선 구매처의 사장과 교제하여 인간적으로 신뢰할 수 있는 사람인가 아닌가를 판단할 필요가 있다. 상대가 성실하고 신뢰할 만한 사람이라는 것을 확인하는 것이 첫 번째 일이다.

그러나 사장이 아무리 성실하더라도 생산 설비 능력 이상으로는 생산하지 못하고 인재가 없다면 경쟁사보다 빨리 새로운 트렌드를 응용하여 새로운 상품을 개발하기도 어려울 것이다. 따라서 구매처가 갖고 있는 객관적인 제반 조건을 사장이 직접 현지에 가서 사장의 눈과 발로 확인하는 것이 필요하다. 필자도 잠시 손을 놓고 부하 직원에게 맡겼기 때문에 사업에 실패한 아픈 경험이 있다.

작은 회사에서는 경험, 지식, 능력 등에 있어서 사장이 훨씬 뛰어난 경우가 대부분이다. 사원과 사장은 일하는 측면에서 차이가 매우 크기 때문에 아무래도 사장이 직접 움직일 필요가 있다. 사원의 수가 늘어나면 우수한 간부사원도 많아지기 때문에 권한을 아래로 위양하게 된다. 그러나 사원의 수가 적은 회사는 사장의 활동력으로 회사의 성쇠가 결정되는 것이다. 그렇기 때문에 사장은 24시간 근무하지 않으면 안 된다. 체력도 좋아야 하고 정보 수집이나 새로운 지식의 습득도 필요하다. 그 정도 노력을 하지 않으면 회사는 잘되지 않는다. 사장은 철저한 현장주의로 회사를 성장시켜야 한다.

▥ 수주 시점 관리 방식을 터득해라

요즈음 웬만한 회사라면 대부분 컴퓨터로 매출에 관한 것을 컴퓨터로 관리한다. 어떤 상품이 얼마나 팔렸는가를 매출이 높은 상품에서부터 순서대로 상품별 매출액을 매일 내는 쯤이야 간단하다. 사장이나 간부는 잘 팔리는 상품을 긴급하게 구매하여 판매 활동을 좀 더 활발하게 하려는 데에 상품별 매출 일람표를 이용한다.

그러나 회사에 따라서는 여기에 함정이 있을 수도 있다. 예를 들면 이번 달 A상품이 2,000만 원어치 팔리고, B상품이 1,500만 원, C상품이 마찬가지로 1,500만 원어치 팔렸다고 하자. 사장은 이 데이터를 보고 A상품을 긴급 구매하여 중점적으로 팔려고 생각한다. 그런데 B상품은 재고가 하나도 없다. C상품은 재고가 2,000만 원어치 있었기 때문에 500만 원어치가 남아 있다. 그렇다면 긴급히 구매하지 않으면 안 되는 것은 B상품이다. 데이터만으로는 이런 상황을 명확히 파악할 수는 없다. 재고가 많은 도매상에서 자주 이러한 일이 생겨 경우에 따라서는 판단을 잘못하는 실수를 범하게 된다. 따라서 수주 시점에서 상품 관리 시스템을 확립하면 이것이 효율적인 구매로 연결된다. 요즘은 다양한 관리프로그램이 있어 여러 회사 관리프로그램 중에서 자신의 회사에 맞는 프로그램을 구매하여 재고 관리부터 생산관리 및 회계 등 관리프로그램으로 처음부터 구매하여 철저한 관리를 하는 게 좋다. 회사에서 가장 중요한 직원은 경리이다. 경리직원을 잘 뽑아야 한다. 회사의 모든 상황을 파악하는 경리직원만 잘 뽑아도 회사가 어려움을 당하는 경우는 적다. 우수한 경리직원을 채용하는 것은 사장의 실수를 만회하는 것이다. 회사를 설립할 때 경리는 단순히 차 심부름이나 시키려면 차라리 안 뽑는 게 낫다. 사장은 경리업무를 습득하는 것은 기본 중의 기본인 것을 잊지 말아야 한다.

⫶⫶⫶ 손익분기점을 파악한다

사장은 자기 회사의 손익분기점을 정확히 파악하고 있어야 한다. 손익분기점이란 손해도 안 보고 이익도 보지 않는 플러스, 마이너스 제로의 분기점이다. 1개월간 어느 정도 매출이 생기면 손익분기점에 해당하는지 매출액을 따져보아야 한다. 매출이 손익분기점까지 가지 않았다면 필사적으로 매출을 늘려야 한다. 매출이 늘면 손해를 보면서 팔지 않는 한 영업 총이익도 늘어나기 때문에 손익분기점에 해당하는 매출액을 잘 정리해서 머리에 넣어 놓아야 하는 것이다.

특히 상품별 영업 총이익과 영업 총이익률을 분석해야 한다. 취급하고 있는 모든 상품에 대해 영업 총이익이 큰 것과 영업 총이익률이 높은 것을 각각 순서대로 나열한 일람표를 만든다. 영업 총이익이 높은 20% 정도의 상품이 전체 영업 총이익의 70~80% 정도를 벌고 있지는 않은지 살핀다. 좋지 않은 경우라도 50% 이상의 경우가 대부분이다. 이러한 이익 분석의 기본은 철저한 중점 지향적 사고방식이다.

영업 총이익을 내기 위해서라도 이 사고방식을 활용한다. 우선 영업 총이익의 절대액이 낮고 C등급에 들어가는 상품은 상품수의 약 60% 정도를 차지한다. 이 60%의 상품으로 버는 영업 총이익액은 전체 영업 총이익의 10% 정도일 것이다. 만일 그렇다면 이 상품은 다른 상품으로 바꾸는 것이 좋다. 영업 총이익률도 마찬가지이나 영업 총이익률이 낮아도 양이 많아 영업 총이익액은 A등급인 상품이 있는지도 모른다. 이런 상품은 어떻게든 영업 총이익률을 올릴 수 있는 방법을 검토해야 한다.

영업 총이익률을 높이고자 하는 상품, 영업 총이익률은 높으나 양이 적어 매출을 늘리고자 하는 상품, 다른 상품과 대체하려고 하는 상품, 판매를 중지하는 것이 좋은 상품 등으로 판매 상품을 네 가지로 분류하여 검토한다. 물론 판매 정책상 간판 상품으로서, 또는 기타 요인을 감안하여 최종적인 결론을 내려야 하는 것은 말할 필요도 없다.

▥ 월간 중점 판매 상품을 결정한다

아무런 구체적인 목표도 없이 1개월간 판매 활동을 하는 것과 무엇인가 중점 판매 상품을 결정하여 전원이 그 상품의 매출을 높이려고 추진하는 것과는 매출액에 있어 하늘과 땅의 차이가 생긴다. 영업 총이익을 높이기 위해서는 직원에게 무엇인가의 동기를 부여하지 않으면 안 된다. 가장 기초적인 방법이 중점 판매 상품을 정해 직원끼리 경쟁하게 하는 것이다. 경쟁이 너무 심해지면 인간관계가 나빠져 팀플레이보다는 개인플레이가 되기 때문에 회사 전체의 힘은 오히려 떨어지는 경우가 많다. 그러나 적당한 경쟁이라면 서로 라이벌 의식을 갖고, 저 동료직원한테는 지지 않겠다며 열심히 하기 때문에 전체적인 힘도 커진다. 경쟁이 없는 곳에는 매너리즘과 타성이 판치게 되고, 과도한 경쟁은 이기주의의 폐해를 낳지만 적당한 경쟁은 발전을 촉진시킨다.

무엇이든 하기 나름이다. 월간 중점 판매 상품을 결정하여 모두가 협력하면 일정한 수준까지 매출을 신장시키려는 활동은 꼭 성공할 것이다. 매출이 늘어나며 영업 총이익도 신장되고 회사 전체가 반드시 좋은 방향으로 나아갈 것이다. 무엇보다도 먼저 월간 판매 중점 상품을 결정하고, 그것의 매출 목표를 각 직원에게 부담하여 목표에 도전할 수 있는 환경을 만들어 주어야 한다. 회사의 구체적인 목표를 직원들이 모두 공유하여야 한다. 설사 영업사원이 아니라도 말이다. 같은 방향을 전 직원이 볼 수 있어야 회사가 가야 하는 목표점에 도달한다. 월 단위로 목표를 설정하는 것은 매우 중요한 일이다. 모든 것이 월 단위로 결제가 되고, 월 단위로 매출을 체크하는 것은 회사의 위기를 빨리 판단하는 데 도움이 되기 때문이다.

⫶⫶⫶ 사장은 잘 팔리는 상품의 공통점을 발견해야 한다

영업 총이익을 늘리기 위해서는 잘 팔리는 상품을 빨리 발견하여 그 상품의 판매에 주력해야 한다. 유행성이 있는 상품은 하나가 히트하면 폭발적으로 팔리기 때문에 얼마나 빨리 상품을 확보하는가에 따라서 매출액이 결정된다. 그만큼 잘 팔리는 상품을 잘 판별하는 것이 매우 중요하다. 세상이 어떤 식으로 움직이고 있는가, 올해의 패션 흐름은 어떻게 될 것인가, 내년에는 어떤 것이 유행할 것인가 등 신경을 사방으로 쓰지 않으면 모처럼의 기회를 놓치게 된다.

잘 팔리는 상품을 발견하기 위해서는 우선 자기의 눈과 발로 정보를 모아야 한다. 다른 업계의 상품이라 할지라도 폭발적으로 팔리는 상품이 있다면 그런 상품들을 가능한 한 많이 수집하여 그 공통점을 체크한다. 기능이나 사용 목적이 전혀 다른 상품이기 때문에 공통점을 찾는 것은 꽤 어려울지도 모른다. 그러나 잘 관찰해보면 차츰차츰 공통점이 보인다.

잘 팔리는 상품은 반드시 어딘가에 공통점을 갖고 있다. 시대의 흐름은 어디서든 통하는 것이다. 이를 다른 사람보다도 더 빨리 느낄 수가 있으면 잘 팔리는 상품도 쉽게 발견할 수 있을 것이다. 다시 한 번 강조하지만, 사장은 잘 팔리는 상품을 개발하고, 엔지니어는 좋은 제품을 개발하는 것이다. 회사의 발전은 좋은 제품을 생산하는 게 기본이지만, 잘 팔리는 제품을 찾는 것이 더 우선시 되어야 존속이 가능하다는 것을 잊지 말아야 한다.

강남 할배 왈

이익을 창출하라. 유별나게 '합리성'을 추구하지 말라. '작은 회사'
는 늘 모순 속에 있기 마련이다. 이론적인 사람이 사장 업무를 수
행하기에는 무리가 따른다. 왜냐하면, 모양 갖추기에 구애받기 때
문이다. 사장은 먼저 목표를 정해놓고, 그것을 달성하기 위하여 노
력해야 한다. 반드시 달성할 수 있는 목표인가 아닌가 따위는 의미
가 없다.

04

PROFIT

▥ 사장은 완벽주의자가 되어야 한다

사장은 어떤 사람이 되어야 할까. 필자는 삼성그룹의 창업주 이병
철 회장의 자서전 『호암자전』에서 그 답을 찾았다. 사장은 한마디로
다재다능해야 한다. 모르는 것이 없어야 하며, 못 하는 것이 없어야
한다. 미국영화 외화시리즈의 맥가이버처럼 말이다. 다재다능하지 못
한 사장은 위기에 대처하지 못한다. 위기에 잘 대처하기 위해서는 모
르는 것이 없어야 하기 때문이다. 여기서 다재다능이란 단순히 경제
적 지식을 가리키는 것이 아니다. 서울대 정치학 교수가 대통령이 되
는 것이 아니고, 경제학 교수가 재벌 총수가 되는 것이 아니다. 그들
은 단지 사회의 정치와 경제 현상을 학술적으로 풀이하는 사람들인
것이다.

또한, 사장은 남들에게 완벽주의자란 말을 들어야 한다. 물론 완벽
한 사장은 이 세상에 없다. 사장도 사람인데 어떻게 완벽한 사람이
될 수 있겠는가. 그러나 자신의 행동에 완벽함을 자신하는 사람은 착

각이다. 완벽주의자의 습성은 확인 또 확인이다. 대충대충은 있을 수 없다. 그것은 회사를 망하게 할 뿐 아니라 자신까지도 망치는 것이다. 직원들도 사장이 완벽주의자이길 바란다. 그래야 회사가 제대로 굴러가기 때문이다. 회사가 제대로 운영되는 회사일수록 그 사장은 완벽주의자에 가깝다. 그런 회사는 직원들의 마음 자세도 다르다. 조금 인간미는 없겠지만, 회사는 인간미로 운영되는 것이 아니다. 모든 안건을 철저하게 검증하고 또 검증하는 그런 사장이 필요한 것이다.

사장이 되기 전에 자신이 얼마나 일 처리를 완벽하게 처리할 능력이 있는지부터 살펴볼 필요가 있다. 단순히 경영서를 참고하는 정도가 되어서는 안 된다. 그 분야에 대해서는 책을 내거나 남을 가르칠 정도는 되어야 한다. 그렇지 않고 사장이 된다면 많은 실패 후에야 진정한 사장이 될 것이다.

⫼ 불량 재고를 추방한다

원자재나 부품의 재고, 매입 상품의 재고, 제품 재고 등 눈에 보이지 않는 재고가 자금을 압박하는 경우가 많다. 엄격하게 재고를 체크하고 관리하지 않는다면 재고는 저절로 증가한다. 재고관리에 투자되는 금액은 대단히 크기 때문에 재고를 감소시키는 것이 자금의 효율성을 높이는 가장 빠른 방법이기도 하다.

그러나 어느 정도의 재고가 적정 재고인가는 판단하기가 어려운 문제이다. 재고를 너무 줄인 나머지 제품이 달려 손님과 트러블을 일으키지는 않을까 하고 걱정하는 사람도 많을 것이다. 주문을 받았는데 재고가 없다면 큰일이다. 제품이 들어올 때까지 손님이 기다려주면 좋지만 그런 경우는 대개 급한 경우가 많아 트러블의 원인이 되기도 한다.

필자는 모 회사의 경영진단을 의뢰받아 간 적이 있다. 공장을 보여 달라고 한 후 여기저기 쌓여있는 자재의 수량과 가격을 하나씩 조사했다. 그런데 철판이 산더미처럼 쌓여있어 "이것은 언제 무엇에 쓸 것입니까?" 하고 물었다. 공장장은 "이것은 영업부로부터 의뢰받아 발주한 것인데, 아직 영업부로부터 아무런 이야기도 없습니다." 하는 것이었다. 그래서 "영업부로부터 의뢰받은 것은 언제쯤인가요?" 하고 물었다. 대답을 들어보니 약 1개월 전에 수주를 예정하고 재료를 먼저 발주해달라는 요청이 있었던 것 같았다. 곧바로 본사의 영업부장에게 연락을 취해 공장에 오도록 하였다. 그런데 영업부장은 "아, 그것 말입니까. 잘못 발주한 것입니다. 공장에도 연락을 했는데요."라고 말하는 것이었다. 공장장은 아무런 이야기도 듣지 못했다고 했다. 그리고 철판은 특수한 것이라 다른 용도로는 쓸 수가 없다고 하면서 공장장은 얼굴을 붉혔다.

따져보면 약 5천만 원 정도의 재료가 방치되었던 것이다. 월 매출액이 약 3억 원인 회사에서 5천만 원이라는 금액은 상당한 것이다. 재료는 못 쓰게 되었고, 그것도 1개월 이상 방치했다. 경영진단을 하면서 발견하지 못했다면 언제까지고 그대로 두었을지 모른다. 관리 시스템이 잘 정비되어있지 않으면 이런 실수가 생겨 자금을 잠식한다. 결국, 이 철판은 다시 구입처에 사정해서 떠맡도록 했는데 이는 시간, 노력, 돈을 헛되이 쓴 것이다. 자금을 조달하기에도 벅찬 회사인데 5천만 원이라는 돈이 1개월이나 잠자고 있었던 것이다. 불요불급한 재고는 철저하게 추방하지 않으면 안 된다.

⁝⁝ 적정 재고량의 기준을 세운다

자금 효율을 떨어뜨리는 것은 과다한 재고이다. 과다한 재고를 어떻게 하든 줄여 적정 재고를 유지하지 않으면 안 된다. 그 방법에는 여러 가지가 있으나 무엇보다 적정 재고의 기준을 명확하게 하는 것이 필요하다.

우선 상품마다 기준을 정한다. 예를 들면 월 매출액에 대한 재고는 80% 이내로 한다든가 하는 식으로 정한다. 문제는 이 기준을 정하는 순서인데, 관계자와 충분히 의논한 후 기준을 만드는 것이 바람직하다. 판매하는 쪽은 재고가 충분히 있기를 바랄 것이다. 그쪽이 훨씬 더 장사하기가 쉽기 때문이다. 자금 계획 담당자는 거래처에 피해를 주지 않는 범위에서 재고가 적은 쪽을 선호할 것이다. 그렇기 때문에 보통은 경리 담당이 자금 계획상 재고는 이 정도로 억제하는 것이 좋겠다는 의견을 내면 이에 대한 영업 담당의 의견과 저충하여 기준을 결정하는 과정을 밟는 것이 극히 일반적이다.

한 번 적정 재고에 대한 기준이 정해지면 과잉 재고에 대한 책임 소재가 명확해진다. 즉, 구매 책임자와 영업 책임자에게 책임이 있다. 구매 담당은 영업 담당과 이야기한 후에 매출을 예상하여 구입하기 때문에 당연히 기준을 넘는 구매에 대한 책임을 지게 된다. 영업 담당도 당초의 예상 매출과 크게 차질이 나서 재고가 기준보다 많아진 경우에는 책임을 지지 않으면 안 된다. 이와 같이 재고 기준과 책임

소재를 명확하게 하면 부재중에 과대한 재고가 쌓이는 일은 없을 것이며, 자금을 낭비하는 일도 없을 것이다.

ⅢⅢ 실물 확인 재고 조사를 확실히 한다

필자가 자문을 위해 자문회사의 배급소나 재고 창고에 가보면 깨끗이 정리 정돈된 곳도 있고, 이보다 더 난잡한 곳은 없을 것이라는 생각이 드는 곳도 간혹 있다. 잘 정리 정돈되어있는 곳에는 '무엇을 어디에 납입할 것인가'라는 표시가 되어있다. 놓는 장소가 일정하면 여기저기 찾을 필요가 없기 때문에 입출고도 매끄럽게 된다. 있기는 있는데 어디에 있는지 찾지 못하는 일이 일어난다면 당연히 효율이 떨어진다. 그러므로 정리 정돈을 철저하게 하는 것이 중요하다. 특히 사장이 솔선수범하여 정리 정돈이 습관이 될 때까지 계속해서 철저하게 할 필요가 있다.

재고가 일목요연한 상태라면 잘 팔리는 상품과 잘 팔리지 않는 상품을 금방 알 수 있다. 눈으로 보고 직접 느끼는 것이 있다면 영업사원으로 하여금 매출 증가에 박차를 가하게 할 것이다. 배달을 하더라도 상품의 입출고가 바로 되기 때문에 모든 것이 효율적이다. 이처럼 정리 정돈은 재고관리의 기본이다.

형태, 하역 상태, 크기, 재질 등이 다른 여러 가지 상품을 다루면 보관 장소나 보관 방법에 어려움이 따른다. 따라서 다음과 같이 정리 정돈해보자.

분류한다 → 같은 종류끼리 모은다 → 입출고를 고려하여 나열하는
방법, 쌓는 방법을 검토한다 → 알아보기 쉽게 표시한다

익숙한 재고관리를 위해서는 이와 같은 일련의 순서가 필요할 것이다. 정리 정돈을 철저하게 하면 자금의 효율성은 반드시 높아진다.

결산할 달이 되면 어디서나 실물 확인 재고 조사를 한다. 그런데 조사된 결과가 컴퓨터로 관리하고 있는 재고 조사표의 수량이나 금액과 맞지 않는 경우가 종종 생긴다. 컴퓨터가 틀렸다고 이야기하는 사람이 있으나 컴퓨터는 틀리지 않는다. 틀리는 것은 인간이다. 인간이 잘못된 데이터를 입력했기 때문에 컴퓨터는 정직하게 이에 근거한 숫자를 낼 뿐이다. 그래도 결산기가 되면 실제로 조사한 재고와 장부 재고가 맞지 않아 머리가 아프다. 실제 확인 재고와 장부 재고가 거의 같다면 관리 수준은 꽤 높다고 할 수 있다.

재고는 돈이 모습을 바꾼 상태이나 누구도 돈처럼 주의와 관심을 갖지는 않는다. 단가 차이, 수량 차이, 품명 차이 등을 주의하면서 입력하더라도 틀릴 수 있다. 이 때문에 실제 있는 상품을 확인하는 실물 확인 재고 조사는 장부 재고 조사보다 더 신뢰할 수 있다. 물론 재고를 조사하면서 잘못 세었거나 단가를 틀리게 계산했다든가 하는 실수가 있을 수 있다. 할 수만 있다면 매월 실제로 재고를 조사하여 재고를 확인하는 것이 좋다. 장부와 큰 차이가 있으면 자금의 효율성에도 영향을 미칠 뿐 아니라 재고도 철저하게 관리되지 않는다. 실물 확인 재고 조사를 할 때마다 장부와 큰 차이가 있으면 자금의 효율성

에도 영향을 미칠 뿐 아니라 재고도 철저하게 관리되지 않는다. 실물 확인 재고 조사를 할 때마다 장부와 큰 차이가 생긴다면 이는 관리 시스템에 결함이 있기 때문이다. 문제점이 어디에 있는지 철저하게 체크하여 관리 효율을 높이지 않으면 안 된다. 이것이 자금 효율을 높이는 유효한 방법이기도 하다.

▥ 안 팔리는 상품은 과감하게 처분한다

언제나 잘 팔리는 상품만을 갖고 영업을 할 수 있다면 매출이 늘고 이익도 생길 것이다. 그러나 유감스럽게도 뜻대로 되지는 않는다. 노력에 노력을 거듭하여 올해는 잘 넘겼다 해도 내년에도 잘 되리라는 보장은 없는 것이 현실이다. 잘 팔리는 상품을 경쟁사보다 빨리 잡는 것은 매우 어려운 일이다.

그렇기 때문에 가능하면 잘 안 팔리는 상품들은 바로바로 처분해야 한다. 잘 안 팔리는 상품을 떠안고 있으면 당연히 이자나 재고 경비가 든다. 불필요한 경비가 이익이 되는 경우는 없다. 잘 안 팔리는 상품만이라도 빨리 처분하여 경영 부담을 가볍게 하는 것이 중요하다. 쓸데없는 경비를 최대한 줄이는 것이 이익에 크게 기여할 것이다.

정기적으로 바겐세일을 하라. 계절상품은 계절이 지날 무렵이 되면 바겐세일을 한다. 재고 처분을 위한 대 바겐세일이다. 약간 유행에 뒤처지더라도 바겐세일 하는 싼 물건을 사서 다음 시즌을 준비하는 사람도 많다. 섬유 상품 등은 유행을 따르기 때문에 80%까지 자주 할인을 하며, 1만 원짜리 상품이 2천 원짜리 상품이 되기도 한다. 계절이 바뀌면 상품 가치도 이렇게 떨어진다.

그렇기 때문에 섬유 상품과 같은 계절상품을 중심으로 하는 곳은 얼마나 재고를 만들지 않는가에 승부가 걸려있다. 판매되는 상품을 빨리 발견하여 물량을 확보해놓고 재고가 생기지 않게 재빨리 팔아치우는 것도 구매 담당의 수완이다. 어떻게든 팔 수 있다면 원가보다 낮게라도 판매하는 경우가 있다. 1년 가지고 있으면서 실질적인 가치가 제로가 되도록 하는 것보다는 조금쯤은 손해를 보더라도 다 파는 것이 좋다는 판단이다. 이러한 판단은 경영상 기술을 요하기 때문에 사장이 스스로 판단을 내리지 않으면 안 된다. 특히 도매상이나 소매상의 경우 상품 회전을 생각해야 한다. 회전율을 높인다고 해서 자금 조달이나 이익면에서 결코 마이너스가 되지는 않는다. 오히려 플러스가 되는 경우가 훨씬 더 많다.

⠿ 재고관리는 철저하게 하라

구매 업무와 재고관리는 매우 밀접한 관계가 있다. 영업부에서 주문을 받았을 때 만일 재고가 없다면 큰일이다. 고객은 상품이 2~3일 후에는 당연히 들어오는 줄 알고 주문했는데, 만약 물건이 들어오지 않는다면 영업상 커다란 차질이 생긴다. 그리고 그 고객은 그 회사를 신용할 수 없다고 생각한다. 회사의 신용은 폭락하고 모처럼 얻은 고객을 잃게 된다.

따라서 영업 담당은 항상 자기가 파는 상품 재고를 확인하여 이 정도로는 괜찮겠다는 자신을 갖고 판매 활동을 할 필요가 있다. 특히 잘 팔리는 상품의 경우에는 더욱 주의를 기울여야 한다. 적어도 영업 담당이 달려가면 바로 상품별 재고 수량을 알 수 있도록 재고가 관리되어있지 않으면 곤란하다. 재고가 바닥이 났거나 계속 팔릴 수 있는 상품이면 곧 구매를 해야 한다.

이와 같이 철저한 재고관리는 적절한 시기에 구매하기 위해서도 꼭 필요하다. 계절상품인 경우 단시간에 매출이 집중되기 때문에 사내에서 영업 담당자들끼리 상품 쟁탈전을 벌이는 경우도 있다. 이 때문에 철저한 재고관리를 구매와 연결시켜 상품 회전율을 높이고, 낡은 재고나 죽은 재고를 만들지 않는 것이 경영 포인트이다.

▥ 상품을 싸게 파는 시기를 잘 정하라

조금 손해를 보더라도 빨리 팔아치운다는 판단을 어떤 시점에서 내려야 하는가. 회사는 이 시기를 놓치면 생각지도 않은 큰 손실을 입거나 기회를 놓치게 된다. 상품을 언제 싸게 팔 것인가 하는 판단은 사장이 내려야 한다. 조금이라도 결단이 늦어지면 손실은 기하학적으로 커진다.

특히 계절상품, 유행 상품, 일과성 상품 등은 타이밍이 중요한데, 적절한 시기를 판단하는 방법이란 시장을 충분히 관찰하는 것 이외에는 없다. 판매가 정점에 다다랐을 때는 이미 늦은 것이며, 판매가 정점에 이르기 바로 일보 직전이 가장 좋은 시기이다. 그렇기 때문에 사장은 언제나 시장 동향에 모든 신경을 집중해야 한다.

잘 팔리는 상품이라도 갈 데까지 가면 판매는 둔화된다. 이때 매출

곡선은 아래로 볼록한 상태에서 위로 볼록한 상태가 된다. 이 전환점이 하나의 포인트이다. 여기까지 오면 이 상품은 상당히 널리 퍼져있어 매출이 늘지 않거나 떨어지게 된다. 그렇기 때문에 사장은 이 전환점에 주의를 기울여 결단을 내릴 시기를 생각해야 한다. 욕심을 내어 팔 수 있는 시점을 놓치게 되면 결국 손해를 보는 일이 생긴다.

결단을 빨리 내리는 것이 적절한 시기를 놓쳐버리는 것보다는 손실이 적다. 적절한 시기를 선택할 수 있는 사장의 안목이 결과를 좌우한다.

ⅲ 오래된 재고와 죽은 재고를 구분하라

계속해서 재고 상품이 회전한다면 별다른 문제는 없다. 그러나 오래된 재고나 죽은 재고가 발생하면 회사 경영에 큰 영향을 미친다. 재고는 돈이 모습을 바꾸어 잠자고 있는 것과 같다. 재고가 쌓이면 돈이 동결되는 것과 마찬가지이기 때문에 자금 조달에 그만큼의 돈이 추가된다.

따라서 오래된 재고나 죽은 재고는 처분하지 않으면 안 된다. 그렇지만 재고가 전혀 없는 회사가 극히 드문 것도 사실이다. 오래된 재고나 죽은 재고는 규칙을 만들어 나름대로 정리해주는 것이 좋다. 이 정리도 회사마다 다른데, 예를 들면 어떤 회사는 3개월간 전혀 움직이지 않은 상품을 오래된 재고로, 6개월간 전혀 움직이지 않은 상품을 죽은 재고로 사내에서 정의하기도 한다. 이처럼 구체적이지는 않더라도 죽은 재고는 곧바로 처분을 검토한다는 정도의 규칙 정도는 만들어 운영해야 한다.

재고를 안고 있으면 이자도 나가고 보관 경비도 든다. 게다가 장소도 필요하고 보관상 여러 가지 배려를 하지 않으면 안 된다. 이 모든 것에 돈이 든다. 그렇기 때문에 조금 손해를 보더라도 빨리 처분하는 것이 좋다. 재고관리가 철저하지 못해 눈에 보이지 않는 손실을 내는 경우가 매우 많다. 당신의 회사가 재고관리를 못 해서 자금의 어려움 같은 결과를 만들지 않기를 바란다.

ⅢⅢ 세 곳에서 견적을 받고, 두 곳에서 구매한다

당연한 일이지만 어떤 경우는 판매자와 구매자 간에는 흥정이 있기 마련이다. 어떻게 하면 유리할까 생각하며 이리저리 두루 상대를 견제한다. 이것은 당연한 것으로 판매하는 측이나 구매하는 측이나 최종적으로는 자사의 이익을 추구하기 때문이다.

그러나 서로 간의 흥정이 지나치게 노골적이면 의심이 생겨 상호 신뢰 관계에 금이 간다. 흥정은 필요하지만, 신뢰 관계를 손상시키지 않도록 배려할 필요가 있다. 저 회사는 반드시 가격을 깎는다는 인식이 박혀있으면 판매하는 측은 처음부터 이를 계산에 넣어 높은 가격을 매길 것이기 때문에 구매는 적정한 가격으로 하는 것이 대원칙이다. 과거에는 적정 가격을 설정하는 것이 의외로 어려웠다. 그러나 지금은 인터넷을 통하여 가격 경쟁도 인터넷으로 통하여 경쟁이 되고 있다. 그만큼 구매할 때 어떤 것이 적정 가격인가 하는 판단을 내리기가 매우 쉬워졌다.

적정 가격을 알기 위해서는 우선 경쟁하고 있는 구매처로부터 견적을 받아 인터넷으로 가격을 비교한다. 견적 내용을 일목요연하게 정리하여 동일 조건에서 견적을 내면 적정 금액이 상당히 빠르게 알아볼 수가 있다.

흔히 행해지는 방법은 세 회사에서 견적을 받은 후 두 회사에서 구매하는 방법이다. 한 회사에서만 견적을 받고 구입하면 만일의 경우 곤란한 문제가 생길 수 있기 때문에 위험 부담을 분산시킨다는 생각으로 두 회사에서 견적을 받아 한 회사와 거래하는 경우도 상당히 있다. 세 회사나 네 회사에서 견적을 받는 것은 좋으나 요는 가격의 타당성을 체크하는 것이다. 즉 구매 상품이나 구매 원자재의 비용을 얼마나 내리느냐가 중요하다. 한 회사에서만 구매를 하면 아무래도 가격, 품질면에서 문제가 생기는 경우가 많기 때문에 구매처 간에 적당한 경쟁을 시키는 것이 이익이다.

성공적인 구매 여부에 따라 경영이 좌우되는 시대이기 때문에 인터넷의 정보를 신중하고도 대담하게 정보를 수집하여 좋은 구매처를 물색해야 한다. 그리고 구매는 반드시 견적을 비교하고 일반적인 통상 가격을 충분히 조사하여, 현시점에서 가격 동향을 충분히 파악하고 상대의 판매를 체크할 수 있는 지혜를 가지고 있어야 한다.

▥ 구매가 이익을 창출한다

예로부터 이익은 본전에 있다고 하듯이 구매를 잘하느냐 못하느냐에 따라 이익에 차이가 난다. 제조업체인 경우 주로 원자재나 부품,

반제품의 품질이나 기능, 가격, 안정 공급 여부가 구매 포인트가 되며, 도매나 소매상은 주로 완제품을 구매하기 때문에 잘 팔리는 상품의 확보, 가격 납기 등이 구매 포인트가 된다. 작은 회사에서는 전문적으로 구매만을 담당하는 부서가 따로 없기 때문에 사장이 직접 구매하거나 영업 담당이 겸임하는 경우가 대부분이다.

구매 업무는 판매나 생산 부서와 같이 눈에 띄는 화려함이 없기 때문에 그다지 인기를 끌지 못하는 것 같다. 그러나 도매상이 구매하기 때문에나 소매상에서는 주로 완제품을 구매하기 때문에 잘 팔리는 물건인가를 판단할 수 있는 눈이 없으면 경영의 기초가 흔들릴 수도 있다. 특히 상품을 기획해서 외주 생산을 하는 제조 도매업은 차질이 생지 투매품이나 재고가 다량으로 나오게 되면 경영이 위기에 처할 수도 있다. 그런 의미에서 구매는 곧 판매를 뒤집어놓은 것이라고 말할 수 있다.

제조업체는 대부분 원자재나 부품을 구매하는데, 최근에는 원화의 상승으로 자재 조달도 국제적으로 확대되고 있다. 특히 동남아시아의 신흥 공업국에서 가격이 싼 상품이나 자재의 물색이 활발하다.

앞으로 구매 업무는 더욱더 그 중요성이 높아질 것이다. 구매가 이익 증대의 초석이 되기 때문이다. 따라서 구매 시 주의할 점, 지나치기 쉬운 점, 자기도 모르게 빠지기 쉬운 잘못 등 지극히 기본적인 문제점을 찾아야 한다. 제조업체는 구매의 성공 여부가 비용 절감에, 판매업자에게는 매상 증대에 직접 연결되는 것이다. 이익 증대를 위해서라도 반드시 구매 업무에 충실해야 한다.

좋은 물건을 싸게 구매하면 이익은 커진다. 생각하기에 따라서 구매는 판매보다도 어려운 일이다. 우선 구매할 상품이나 원자재 등에 대한 고도의 전문 지식이 필요하다. 물건을 판매하는 영업보다 더 깊은 전문 지식을 갖지 않으면 좋은 물건을 싸게 살 수 없다.

그렇기 때문에 사장은 모든 것에 대해 상당한 전문가이어야 한다. 잘 되는 작은 회사에서는 사장이 직접 구매하는 것만 보아도 알 수 있을 것이다. 사장은 우선 마케팅 센스가 있어야 하고, 현장 경험을 토대로 상대방으로부터 보통이 아니라는 말을 들을 정도로 전문적인 지식을 습득하지 않으면 안 된다. 앞으로는 이익을 내는 것이 바로 구매라고 할 정도로 구매의 중요성은 나날이 커지고 있다.

ⅢⅢ 영업사원의 행동을 관리해야 한다

사장은 판매 활동을 위해 고객을 직접 방문해보아야 한다. 그래야 영업사원이 교통 상황이 안 좋아 거래처를 방문하는 데 시간이 상당히 걸린다는 것과 고객과 상담하는 시간보다는 자동차나 전철을 타고 있는 시간이 훨씬 더 많다는 것을 알게 된다. 사장이 직원의 행동을 효율적으로 관리하지 않으면 영업 효율도 오르지 않는다. 영업사원이 시간을 잘 활용하도록 해주어야 매출을 늘릴 수 있는 것이다.

특히 사장의 직위에 있는 사람은 영업사원의 행동을 잘 관리할 필요가 있다. 영업에 있어서 중요 고객에게 보다 많은 시간을 할애하는 것은 지극히 상식적인 일이다. 필자는 T사로부터 매출이 부진하다는 상담을 받고 영업사원의 행동을 체크해보았다. 그 결과 그 회사의 영업사원들은 가기 쉬운 고객은 자주 방문하지만 중요 고객, 즉 거래량이 많은 고객을 소홀히 한다는 것을 알았다. 극히 초보적인 일이지만 영업사원이 여덟 명인 이 회사로서는 중대한 문제가 아닐 수 없다. 이에 T사는 고객을 A, B, C 세 부류로 나누어 A는 일주일에 적어도 3회 이상, B는 월 5회 이상, C는 1회 이상 방문하는 방문 횟수를 정하여 이를 꼼꼼하게 체크했다. 이것이 효과가 있었는지 T사는 얼마 안 되어 매출이 조금씩 향상되기 시작했다.

한 걸음 더 나아가 거래처의 구매 결정권자를 체크하거나 영업사원이 결정권 있는 사람과 상담하고 있는가의 여부를 체크한다면 행동 관리의 실효성은 한층 더 높아질 것이다. 그냥 놔두면 영업사원은 자기가 가기 쉬운 고객만 찾을 뿐 어렵거나 늘 클레임을 제기하는 고객은 멀리하기 쉽다. 그러나 어려운 고객을 설득할 수 있어야 매출이 크게 오른다는 점을 명심해야 할 것이다.

강남 할배 왈 ────────────●

적극적으로 행동하라. 아무리 힘들어도 자신의 의지대로 끝까지 공부하는 사람은 훌륭한 사람이다. 남자는 황금과 같은 과거를 만들어야 한다. 오늘을 대충 살면 언젠가 그 대가를 치르게 된다. 사장의 뒷모습을 직원과 거래처가 지켜보고 있다. 정신을 똑바로 차리고 인생을 살아라. 절대로 나약한 모습을 보이지 마라.

05

OPTIMISM

ⅢⅢ 사장의 카리스마는 초지일관에서 나온다

남자는 오기, 여자는 절개라는 말이 있다. 그렇다면 사장은 무엇일까? 그것은 카리스마다. 카리스마가 없는 사장은 사장이 아니다. 그리고 그 카리스마는 확실한 신념이 있어야 가능하다. 어느 날 갑자기 사장이 된다는 것은 무모한 도전이지만, 무모함도 때론 필요한 것이 사업이다. 무모한 도전은 신념에서 나오는 것이다. 사장은 신념을 가지고 사업을 해야지, 그렇지 않으면 실패 후 남는 것이 없다. 실패가 곧 새로운 도전으로 이어질 때 비로소 사업에 성공할 수 있다. 이처럼 사업에 성공하기 위해서는 강력한 드라이브가 있어야 한다. 그것이 바로 사장의 카리스마이다.

사장에게 좌절이란 없어야 한다. 시련은 있어도 실패는 없다는 현대그룹의 창업주 정주영 회장의 말처럼 사장의 강력한 지도력은 그기업의 흥망성쇠는 물론 직원들의 사기에도 많은 영향을 준다. 욕을먹는 것을 두려워해서는 안 되며, 자신의 신념을 관철시키는 강력한 지도력이 있어야 한다. 사장의 가장 강력한 파워는 바로 이런 추진력에서 오는 것이다.

많은 직원을 거느리는 사장일수록 이런 강력한 카리스마는 더욱 요구된다. 사람이 많이 모일수록 말은 많아지게 되어있다. 그것을 제압하지 못한다면 회사를 이끌 수가 없다. 회사를 크게 키우기 위해서 사장은 강력한 지도력을 키워야 할 것이다. 무슨 사업을 추진하는 직원들을 이끌 수 있는 힘이 있어야 사업을 제대로 이끌 수 있다. 회사의 위기를 잘 모면하는 사장들의 대부분이 이런 강인한 정신력의 소유자가 많다.

▥ 회의 결과를 체크하라

필자가 상담해주고 있는 회사에서는 3개월에 한 번 경영 계획 실행체크 회의를 개최하고 있다. 매출이나 영업 총이익, 경비 등 숫자로 실적이 나오는 항목에 대해서는 간부 회의, 영업 회의, 매일의 모임, 개별 면담 등에 의해 체크할 기회가 많으나 글로 표현된 항목에 대해서는 실적이 숫자로 나오는 것이 아니기 때문에 아무래도 소홀히 하기가 쉽다.

3개월에 한 번씩 경영 계획의 진행 상황 체크를 주제로 회의를 소집하라. 그렇게 하면 담당자는 담당자는 하지 않으면 안 된다는 생각이 들 것이다. 언제까지 누가 한다는 기한을 정해서 담당자를 정하면 다음번 체크할 때까지는 방치해두지 않을 것이다. 그래서 기한과 담당자는 반드시 명확하게 해두어야 한다. 수립한 계획은 반드시 실행

한다는 실행력을 기르기 위해서도 이 체크 회의는 꼭 필요하다.

물론 누구든지 다른 사람으로부터 체크 당하는 것은 그리 기분이 좋지 않다. 특히 계획대로 일이 진행되지 않는다거나, 너무 바빠서 방치해놓고 손을 대지 못한다거나, 일단 시작은 했으나 생각지도 않은 문제점에 부딪혀 사실상 멈추어버린 상황에서는 더욱 그렇다. 그러나 그렇기 때문에 누군가가 강력하게 추진하지 않으면 체크는 소홀해진다. 사장은 그러한 것을 충분히 염두에 두는 것이 좋다. 사안에 따라 체크하는 사람을 결정하고 책임 소재를 명확하게 하여 빈틈없는 체제로 만드는 것이 필요하다.

▥ 고객을 한 명이라도 더 늘린다

창업 시 경영 포인트로 중요한 것은 고객을 한 사람이라도 더 늘리는 것이다. 고객이 용두사미가 되어서는 장래가 불안해진다. 어떻게 하면 고객을 늘릴 수 있는지 모든 지혜를 짜내야 한다.

무엇보다도 고객을 늘릴 수 있는 가장 좋은 방법은 고객이 원하는 것을 빨리, 싸게 제공하는 것이다. 그렇기 때문에 고객이 바라는 것이 무엇인가를 재빨리 간파하는 것이 제일 중요하며 안목을 키우는 것이 필요하다. 같은 업종에서 잘 되는 가게의 특징을 무엇보다 먼저 파악해야 한다. 고객에 구매동기라는 것이 있다. 그 구매동기를 동시키는 요인이 무엇인가를 연구해야 한다. 고정 고객이 늘어날수록 경영은 안정되기 때문이다.

고정 고객을 만드는 것은 창업 시 경영 포인트로 매우 중요하며, 따라서 판매 기술을 높이는 것도 중요하다. 고객은 상품에 대한 지식이 풍부한 점원이 공손하게 대해준다고 느끼면 다음에도 그 가게에 가게 된다. 필자는 젊은 영업사원들에게 고객으로부터 자주 전화가 오지 않으면 자기 몫을 다하는 영업사원이 아니라고 이야기한다. 그것은 고객과의 신뢰 관계를 나타내는 척도이며, 성실성의 증표이기 때문이다.

▥ 고객층을 좁힌다

고객층을 철저하게 좁혀서 공세를 가하는 것도 고정 고객을 만드는 포인트이다. 고객층을 좁혀서 그 고객층에게 한정된 상품을 팔 수 있다면 고정 고객을 만드는 체제가 정비되었다고 말할 수 있다. 신용카드를 발급받으면 카드 회사에서 우편물이 오는데, 여기에는 이제 당신이 사회적으로나 경제적으로 우리 회사가 엄선한 지위에 있는 분이기 때문에 여기에 어울리는 카드를 사용하라는 취지의 문구가 나열되어있다. 이것도 예상 고객층을 좁혀서 프라이드를 들먹이면서 한정 상품을 판매하는 경우이다. 각사의 업종, 업태(業颱), 규모에 따라 방법은 여러 가지가 있겠지만, 고객층을 좁히는 것이 무엇보다도 중요하다.

고객의 수요는 다양하기 때문에 언제나 새로운 상품을 제공하지 않으면 고객을 만족시키지 못한다. 필자가 알고 있는 한 그 누구도 100% 만족하는 고객은 없다. 그렇기 때문에 고객층을 좁혀서 100%에 가깝게 만족시키는 기업이 발전한다. 그 회사는 믿을 수 있다는 신뢰감을 심어주는 것이다. 그러므로 고객층을 좁혀 고객의 욕구를 충족시키는 상품이나 서비스를 제공해야 한다.

▥ 신규 고객의 개척을 게을리하지 말라

신규 고객의 개척은 반드시 해야 하는 중요 과제이다. 기존의 고객을 지키는 것은 쉽다. 그러나 신규 고객을 전혀 개척하지 못한다면 회사나 가게의 발전은 없다. 신규 고객을 유치하려는 노력이야말로 사업 발전의 열쇠이다. 역사와 전통이 있는 회사는 오히려 기존 고객을 지키는 것에만 전념하지, 신규 고객을 개척하는 도전적인 정신이 결여되어있다. 이런 상태가 계속되면 조만간 사업은 쇠퇴하고 만다. 신규 고객의 개척이야말로 모두가 도전해야 하는 과제임을 사원 한 사람 한 사람이 인식하고 있다면 그 회사는 크게 발전할 것이다.

신규 고객을 개척하기 위해 우선 가장 필요한 것은 새롭게 개척할 수 있는 예상 고객 리스트 일람표이다. 일람표에 근거하여 판매 공세를 어떻게 펴나가는 것이 가장 효과적인가를 확립할 필요가 있다. 불특정 다수의 예상 고객이라면 한 명 한 명 다 영업사원이 방문할 수 없기 때문에 우편물 발송, 전화, 지역의 집회를 이용하고, 특별히 중요한 예상 고객은 직접 방문하도록 한다. 업태가 배달 판매 성격이 강하다면 예상 고객을 직접 방문하는 등의 철저를 기하는 것도 좋다.

신규 고객의 개척은 영업사원의 능력 개발을 위해서도 필요하다. 기존 고객만을 지키는 영업 방식으로는 영업사원의 능력 향상을 기대할 수 없다. 매출을 늘리고 영업사원의 능력 향상을 위해서라도 반드시 신규 고객의 개척이 필요하다. 사장은 이것을 항시 영업사원에게 고무시켜야 하며 솔선수범해야 한다. 직원은 돈을 벌어주는 것이 아니라 도와주는 것이기 때문이다.

▥ 중요 고객을 집중적으로 개발한다

사장은 회사의 판매 실적에 대한 분석을 수시로 해야 한다. 우선 상품별, 고객별로 매출이 어떻게 구성되어있는가를 조사해본다. 아마 취급 상품의 20% 정도가 매출의 80%를 점하고 있거나 고객의 20% 정도가 매출의 80% 가까이를 점하고 있는 결과가 나올 것이다. 이러한 분석 방법을 ABC 분석이라고 한다. A는 매우 중요한 요소로 10% 정도, B는 보통으로 30% 정도, C는 그다지 중요하지 않은 요소로서 60% 정도를 차지하는 것 등 크게 세 가지로 분류한다. 지나치게 세밀하게 분석하면 나무를 보고 숲을 보지 못하는 것과 같은 우(愚)를 범하기 쉽기 때문에 주의하도록 한다. 매출이든 구매든 아마 20%의 인원이 80%에 가까운 매상을 올릴 것이다. 그렇기 때문에 가장 역점을 두어야 할 곳은 A이며, C에 아무리 힘을 써도 10% 정도의 효과밖에는 나지 않는다.

이렇듯 중요 고객을 겨냥해 효과적이며 중요 고객을 겨냥하여 판매 공세를 가하는 것이다. 이것이 주요한 판매 촉진책의 하나이다. 즉 신규 고객의 개척과 기존의 중요 고객을 더욱 심도 있게 파고 들어가는 것이 판매 촉진의 2대 포인트이다. 보다 높은 판매의 확대는 고객과 접촉할 기회를 가능한 한 많이 늘리는 것에 있다. 그러므로 일에 달라붙어서 떨어질 줄 모를 정도로 영업을 하지 않으면 안 된다.

아무리 어려운 고객도 상대는 인간이다. 감정이 있는 인간인 이상 누구나 좋고 싫음이 있다. 마음에 들면 고객은 자기 스스로 찾아온다. 중요 고객을 발굴하려면 고객에게 어떻게 해야 지금보다 더 마음에 들게 할 수 있을까를 고민하고 실행하면 된다.

▥ 고정 고객을 만드는 지혜가 있어야 한다

직원에게 느닷없이 회사의 고객이 누구냐고 묻는다면 당황할 것이다. 그러나 사장이라면 이 질문에 주저하지 않고 웃는 얼굴로 우리 회사 제품을 구매하는 사람은 모두 고객이라고 말할 것이다. 그러나 사장은 정말로 누가 고객인지를 알고 있어야 한다. 매출을 늘리는 첫걸음은 누가 고객인가를 다시 한 번 진지하게 되묻는 데 있다. 지금까지 자기 회사의 제품을 사주는 고객은 물론이고, 지금까지는 사주지 않았지만 향후 사줄지도 모르는 예상 고객도 있다. 자기 회사의 고객을 분석하여 가장 유망한 고객층을 파악하는 것이야말로 고정 고객을 만드는 첫걸음이다. 30대 샐러리맨이 가장 중요한 고객일지도 모르고, 20대 여성일지도 모른다. 혹은 초등학생일지도 모른다. 자기 회사의 가장 중요 고객층이 누구인가를 알면 자연히 판매 방법도 나온다.

나아가 그 고객층의 구매동기가 무엇인가를 파고들어 조사, 분석하면 유효한 판촉책이 나오고, 어떤 상품을 좋아하는지 예상할 수 있다. 소득, 연령, 성별, 생활권, 거리, 기업, 직업 등의 관점에서 현재의 고객을 다시 분류해보면 자기 회사의 고객상(顧客像)이 나오고, 이에 따라 '어떤 판매 정책을 쓰면 유효할 것인가?'라는 지혜가 나온다. 이제는 어떤 업종에서건 고객을 마냥 기다리고만 있는 시대는 지났다. 이쪽에서 적극적으로 판매 활동을 하지 않으면 고정 고객은 늘어나지 않고, 매출도 신장되지 않는다. 공격이 최선의 방어이듯 적극적이고도 과감한 판매 공세야말로 지금 가장 필요한 것이다.

고객의 말을 "모두 옳습니다."로 듣는 태도를 키워라. 고객과 논쟁을 벌여 이겼지만 팔지는 못한 경험을 한 영업사원이 의외로 많다. 고객과는 원칙적으로 논쟁하지 말아야 한다. 인간은 감정의 동물이기 때문에 '이 녀석이!' 하는 마음이 생기면 더 이상 당신한테서 구매하지 않는다. 물론 터무니없는 것을 요구하는 고객도 있을 것이다. 이때 어떻게 대응하는 것이 좋을지는 모든 세일즈맨의 난제이기도 하다. 필자가 상담해주고 있는 모 회사에서는 경험이 없는 영업사원(영업한 지 3년 이내)을 대상으로 아침에 15분간 회의를 한다. 과장, 부장이 참석하는 영업 회의나 아침의 전체 회의에서는 말하고 싶은 것도 좀처럼 이야기하기 어렵고, 마음먹고 이야기하면 과장이나 부장으로부터 일방적으로 당하기 때문에 아침 전체 회의가 끝나면 젊은 사원들만 모이게 하며, 약 15분간 회의를 한다. 이 회의에 경력 5~10년 정도의 중견 영업직원을 한 명 참석시키고, 젊은 사원이 무슨 이야기라도 할 수 있도록 배려한다. 그 회사는 이러한 방법으로 젊은 영업사원을 교육시켜 성공을 거두었다.

'손님은 왕'이라는 말도 있듯이 고객의 이야기는 '모두가 옳습니다(all yes).' 하는 태도로 듣도록 세일즈맨에게 철저하게 심어준다. 우선은 고객의 이야기를 경청해야 하며, "아, 그렇습니까. 그렇지만…"과 같은 '예, 그러나(yes, but…)' 식의 대화술을 몸에 익혀야 한다. 우선 고객의 이야기를 긍정한 후 이쪽에서 잽을 날리는 것이다. 이러한 태도가 몸에 배게 되면 판매력은 상당히 향상된다. 여기서 중요한 것은 바로 이의를 제기하는 것은 매우 어리석은 대화술이다. 설득당한 자세가 아님 설득하려고 하지 말아야 한다. 고객의 생각이 무엇인지보다 자신의 주장을 내세우는 것은 고객을 설득하는 게 아니고 고객과 논쟁을 하자는 것밖에 되지 않는다. 이런 자세로는 고객을 설득하는 게 아니고 고객을 열 받게 하는 것이다.

강남 할배 왈 ————————————————————•

변화만이 살길이다. 세상은 날마다 변화한다. 오늘은 결코 어제와
같을 수 없다. 비즈니스란 변화무쌍한 것이다. 이것을 잊어서는 안
된다. 조령모개란 세상의 변화에 알맞게 태도를 바꾸는 것이다. 이
것이 이루어지지 않으면 회사는 망한다.

06

BUSINESS TRANSFORMATIONS

▦ 카멜레온은 사장의 자질

사장이 된다는 것은 변화시킬 수 있는 것이라면 모두 변화시킬 수 있어야 한다는 것이다. 그것이 사장이다. 변화하지 못하는 사장은 회사를 망친다. 한마디로 변화무쌍한 성격이 사장의 자질이다. 남에게서 고지식하다는 소리를 듣는다면 사장이 되길 포기하는 것이 좋을 것이다. 고지식한 사장은 직원들을 힘들게 할 뿐만 아니라 자신도 힘들게 한다. 그런 사람들은 사장보다는 엔지니어가 되는 것이 더 낫다. 돈만 있으면 누구나 사장이 될 수 있지만, 성공이 보장되는 것은 아니다. 사장은 수익을 위해서라면 카멜레온처럼 환경에 발 빠르게 변화해야 한다. 자신의 고집이나 장신 정신을 내세워서는 수익을 내기 어렵다.

우리 주변이나 책에서 흔히 볼 수 있는 예는 현실과 동떨어진 이야기가 많다. 외고집으로 성공한 이야기는 아주 특별한 이야기이지, 그것이 마치 모든 사업에 적용될 것이라는 환상은 버리는 게 좋을 것이다. 이익을 위해 사업을 하는 것이지, 가업을 잇는 것이 아니다. 때론 사장이라는 자신의 직업에 만족하여 안주하려는 사장들을 볼 수 있다. 그런 사장들은 대개 세상 탓을 자주 하는 사장들이다. 회사가 어려운 것은 모두 정치를 잘 못 해서, 사회가 그릇되어서라는 생각을 가지고 있다. 그러나 이런 생각은 카멜레온이 나무에게 자신의 색으로 바꾸라고 하는 것과 다를 바가 없다. 세상은 사장 한 사람을 위해 움직이는 것이 아니다. 사장이 사회를 따라 움직여야 하는 것이다.

변하기 위해서는 고정관념을 버려야 한다. 자신의 생각을 세상에 맞추는 지혜가 필요하다. 그런 변화에 대응하는 것이 어렵다면 처음부터 사장이 되지 않는 것이 좋다. 영원한 사업은 없다. 지금의 재벌들을 보아도 그렇지 아니한가. 제과를 만들던 회사가 제과를 고집하여 외길을 걸어왔다고 그 회사가 지금도 번영을 보장받고 있는가? 조미료를 만들던 회사가 조미료만 고집했다면 지금의 재벌이 되지는 않았을 것이다. 어제의 번창한 사업이 오늘의 사양 사업이 되는 경우는 얼마든지 있다. 그것이 사업이며, 현재에 안주하지 않고 시대에 따라 변화할 수 있는 사람이 사장이 되어야 한다. 그래야 회사는 계속 발전할 수 있는 것이다. 지금은 떡볶이도 체인점을 내는 시대가 아닌가. 시대에 따라 변화하는 사업은 번창하지만, 외길만을 고집하는 사업은 오래가지 못할 것이다.

세상을 바꾸려고 하기보다는 따라가는 사장이 현명한 사장이다. 세상을 바꾸는 것은 사장이 아니고 소비자이기 때문이다. 장인 정신보다 더 중요한 것은 수익을 내는 사업 정신이다.

ⅢⅢ 신규 사업의 개발을 연구하라

사장이 직접 신규 사업을 개척하라고 명령하는 회사가 많아지고 있다. 소비 수요가 다양해지고 대량 생산, 대량 판매 체제에서 다품종 소량 생산으로 이행하고 있기 때문이다. 신규 사업은 얼마든지 있지만, 이것을 얼마나 잘할 수 있는가가 문제이다. 예를 들면 실버 시장(노인 시장), 중년층 시장, 사회적으로 진출이 더욱 늘어날 여성 시장 등은 수요가 확실히 증가할 것이다. 그들은 장차 지금 이상의 경제력을 갖고 소비를 이끌어 갈 것이다. 이와 같이 반드시 신장하는 시장에 대해 어떻게 신규 사업을 전개하는가가 관건이다. 지금의 유통시장은 플랫폼이 장악을 하고 있다고 해도 과언이 아니다. 대형 포탈들은 다양한 사업의 영역을 구축하고 있다. 과거에는 정보만을 제공하던 네이버나 구글 등이 이젠 쇼핑몰의 플랫폼이 된 지 오래다. 또한, 야놀자, 호텔스닷컴, 요기요 등 어느 하나 플랫폼이 없는 게 없다. 검색을 해서 제품을 구매하기보다는 이젠 플랫폼을 통하여 같은 업종 또는 같은 제품을 한눈에 비교하여 구매하는 시대로 변했다. 이런 플랫폼 시장에 진입하는 것이 매출에 큰 영향을 주는 시대이다. 자사의 홈페이지가 아무리 잘 만들어졌어도 아무리 타 업체보다 가격 경제력이 있고, 제품이 좋아도 소비자가 알지 못하는 사이트는 구매를 일으킬 수가 없는 시대임을 알아야 한다.

⦚ 회사의 매출 확대 요건을 갖추어라

모든 기업이 매출을 늘리기 위하여 온갖 노력을 다하고 있다. 그러나 리스(less)의 시대인 만큼 고도성장기와 같이 수요는 크게 늘지 않는다. 극단적으로 말하면 경쟁사의 파업 이외에는 자기 회사의 매출을 늘리는 방법이 없다. 그렇기 때문에 경쟁은 점점 더 치열해진다. 기업들은 신제품과 새로운 기술의 개발에 열을 올리고 있고, 경쟁사와 차별화된 독특한 특징을 무기로 매출을 늘리고자 열심히 노력하고 있다. 회사의 존재 그 자체를 홍보하는 CI(Corporate Identity) 운동도 활발하여 회사 전체의 이미지를 재고시킴으로써 결국 자사 제품의 판매 신장을 꾀하는 기업도 많다. 여기에는 결정적인 묘수가 그리 많지 않기 때문에 꾸준히 노력하는 것만이 최상의 방법이다. 신제품이 히트하면 매출이 급격히 신장하지만, 계속되지 못하면 오히려 반대의 일이 생긴다.

판매 활동은 창조 활동이자 지혜의 경쟁이기도 하다. 상품 판매 방법, 판매자, 판매 전략 등 여러 가지 요인이 결합되어 판매 실적으로 연결된다. 결국, 매출 확대는 회사 전체가 총력을 결집하여 경쟁사와 차별화된 지혜를 짜내는 데서 발생하는 것이다.

판매 기획력을 증대시켜라. 이 시대는 판매 기획력으로 승부하는 시대이다. 고객과의 거리를 어떻게 하면 좁힐 수 있는지 머리를 쓰고 지혜를 짜내는 시대이다. 아무리 훌륭한 제품과 서비스를 갖고 있어도 고객이 이를 모른다면 의미가 없다. 어떻게 해서 효과적으로 알릴 것인가가 과제이다.

대기업에서는 CI 운동이 활발한데, 이는 기업 이미지를 높여 매출을 증대시키려는 운동이다. 그러나 작은 회사는 이런 것에 투자할 만한 자금이 없기 때문에 보다 직접적인 효과를 나타내는 투자를 하게 된다. 예를 들면, K사는 1년에 몇 번 상품 전시회를 하고 있는데, 매너리즘에 빠져있다는 사장의 판단으로 젊은 여사원을 중심으로 전시회 출품 디스플레이 검토 프로젝트를 기획했다. 그런데 그녀들이 생각해낸 디스플레이가 전시회에서 큰 화제가 되어 매출이 30% 이상 늘었다. 이와 같이 판매 촉진 기획력의 강약이나 신선함은 매출 확대에 큰 영향을 준다. 우편물이나 팸플릿 광고 문안의 한 구절도 소홀히 할 수 없는 것이다.

그러나 지금은 이런 마케팅으로 매출을 올리는 데는 한계가 있다. 앞전에 기술하였듯이 자사의 제품의 PR을 어떤 플랫폼에 소속되냐가 이젠 매우 중요한 매출 부분을 차지하고 있다.

회사는 누가 판매 기획을 담당하고 있는가에 따라 회사 매출이 좌우된다. 만일 사내의 역량이 약하다면 외부 전문가의 힘을 빌릴 필요가 있다. 사외에 우수한 두뇌를 많이 가지고 있을수록 판매 기획 내용도 충실해진다. 이제는 편협한 자기 경험이나 노하우에만 얽매이는 시대가 아니다.

ⅢⅢ 사장은 판매에 대한 동기부여를 심어줘야 한다

매출을 늘리기 위해서는 무엇보다도 판매자의 '좋다! 팔겠다.'라고 하는 확고한 마음가짐이 중요하다. 판매에 신경을 쓰지 않는다면 매출은 더 이상 늘어나지 않는다. 그러나 판매에 대한 동기부여가 이루어진 상태에서 여러 가지 창의적인 연구를 하면 매출은 반드시 늘어난다.

우선 고려해야 할 것은 동기부여 대상을 누구로 할 것인가이다. 물론 판매자는 회사의 판매 담당 혹은 딜러들이지만 여러 가지 행사나 서비스를 통해 사원들에게 판매에 대한 동기를 심어주는 것도 좋은 방법이다. 각사에서 흔히 하고 있는 것은 세일즈맨 콘테스트, 판매량에 따른 보상금의 지급, 각종 캠페인, 딜러 보조, 월간 OO도전(일종의 사내 경쟁) 등등과 같은 것이다. 이 행사들의 공통점은 구체적인 목표를 정해놓고 그 목표를 달성하면 그에 따른 보상금을 준다는 것이다.

Y사는 이러한 행사를 매달 20여 가지 정도 만들어 매달 초 지난달의 실적 우수자에게 상을 주고 있다. 그 주요 상을 참고로 들어보면, 매출 1위 상, 매출 고객 개척 상, 회수율 1위 상, OO 상품 매출 1위 상, 영업 총이익 1위 상, 영업 총이익률 1위 상, 영업 총이익 초과 달성 1위 상, 판매 정보 제공 1위 상, 우수 감독상 등이다. 매달 심사하는 것도 쉽지 않은 일이지만 잘한 일을 그때그때 칭찬하는 데 그 목적이 있다. Y사는 지난 5년간 급성장을 하였는데, 바로 여기에 성장의 비밀이 있는지도 모른다. 이 정도로 상이 많으면 어떤 영업사원이라도 열심히만 하면 한 번은 탈 수 있기 때문에 사원들은 더욱 일할 마음이 생기는 것이다.

▥ 세일즈맨의 판매력 강화 전략을 세워라

사장이나 영업사원의 능력 여하에 따라 매출이 좌우되는 경우가 많다. 따라서 판매를 직접 담당하고 있는 이들의 판매력을 높이는 것이 중요하다.

어느 백화점에서 공구를 샀을 때의 일이다. 판매장에 있는 직원에게 공구의 사용 방법을 물었다. 그러자 그 직원은 "오늘 담당이 휴가 가서 저는 잘 모릅니다. 내일 출근하니 한 번 더 오시죠." 하는 것이었다. 잘 모르는데 왜 거기 있냐고 한마디 해주려다가 다시는 이런 데서 사지 않겠다고 투덜거리며 그냥 돌아왔다. 이처럼 영업사원에게 자기 회사 제품에 대한 지식이 없다면 영업을 할 수 없다.

제품에 대한 지식 위에 판매 기술이 겸비되면 매출이 증대된다. 그렇기 때문에 철저한 영업 교육은 매우 중요하다. 필자는 한 백화점에서 넥타이를 싸게 팔기 때문에 가끔 그곳으로 넥타이를 사러 간다. 직원은 나를 보자마자 재빠르게 옆에 와서 "이 넥타이가 잘 어울립니다. 한번 매보시죠." 하고 내가 좋아하는 색의 넥타이를 내놓는다. 그 타이밍이 절묘하여 필자는 "좋아, 이걸로 하지." 하고는 사버린다. 이것은 고도의 판매 기술의 예로, 이처럼 영업 교육을 철저하게 하여 판매력을 강화하면 매출이 늘어난다. T사는 월 매출 목표를 달성하지 못한 영업사원만을 모아놓고 사장이 직접 참가하는 1박 2일 합숙 연수를 한다. 영업 교육을 확실하게 시키면 목표 달성이 가능하다는 것이 이 사장의 지론이다. 이 합숙 훈련에 참가한 목표 미달 영업사원들은 다음 달이 되면 반드시 목표를 달성한다. 사장은 현장 직원이 매출을 올려준다는 것을 잊지 말아야 한다.

▥ 마케팅 센스를 키워라

사장에게는 마케팅 센스가 필요하다. 사장이 마케팅 센스를 지니고 있는가의 여부가 기업 경영의 초석이 될 것이다. 잘 팔리는 상품이나 싼 원자재를 타 경쟁사보다도 빨리 찾아내어 그 상품이나 원자재를 확보할 수 있다면 이익은 당연히 커진다. 그렇기 때문에 도매상이나 소매상의 경우에는 시장의 흐름을 민감하게 파악할 수 있는 센스의 유무로 회사의 성과가 결정된다.

이러한 센스는 어떻게 키울 수 있을까? 물론 태어나면서부터 지닌 재능도 있을 것이다. 그러나 천부의 재능만으로는 분명 한계가 있다. 재능과 함께 노력이 필요하다. 그 노력은 시장의 움직임을 자신의 눈과 발로 확인하는 것이다. 자기가 움직여서 얻은 정보는 제일선의 현장과 밀착된 정보이기 때문에 그만큼 정확도가 높다. 그러한 일을 반복하여 경험함으로써 시장을 보는 눈이 훈련되는 것이다. 처음에는 한곳으로 치우친 정도를 전체적인 동향으로 잘못 이해하는 경우도 있다. 그러나 시행착오를 반복하면서 시장의 구석구석까지 볼 수 있는 힘이 생긴다.

마케팅 센스에는 잘 팔리는 상품을 꿰뚫어볼 수 있는 눈과 어떤 상품을 어떤 방법으로 팔면 잘 팔린다고 하는 판매 방법을 아는 것, 둘다 필요하다. 사장은 반드시 이러한 센스를 키울 필요가 있다. 또 마케팅 센스로 훈련된 사원을 구매 담당자로 앉히는 것이 좋다.

░ 필요한 회의와 운영을 지시한다

작은 회사라도 월 1회 간부 회의 정도는 반드시 하도록 한다. 간부를 모아 1개월의 반성과 다음 달의 중점 행동 포인트를 의제로 하여 생각이나 분위기를 하나로 정리한다. 사회는 보통 사장이 보지만 전무, 상무에게 시키든가 간부 사원에게 시키면 인재 육성에도 도움이 될 것이다. 물론 매일 사장과 사원 간에 회의 이외의 일에 대한 것을 얘기해야 하는 것은 말할 필요도 없다. 그러나 회의는 1개월에 한 번이라도 간부가 모여 회사 전체의 상황에 대한 정보를 교환하는 데 의의가 있다. 회의를 통하여 지난 일에 대한 반성과 다음에 해야 할 일에 대한 의견 일치를 이루는 것이다.

중소기업에서 하고 있는 회의의 종류는 경영 회의라고 칭하는 간부 회의가 가장 많을 것 같다. 시간은 3~4시간 정도이며, 참가자는 주로 간부들, 사회는 사장이 하는 것이 일반적이다. 판매 회사의 경우에는 영업 회의적인 색채가 강한 간부 회의가 되거나, 영업 회의를 별도로 하기도 한다.

간부 회의 이외에는 영업 회의, 생산 회의, 자금 회의, 구매 회의 등이 있다. 어느 쪽이든지 회의를 충실하게 하기 위해서는 개최 일시를 적어도 3주 전에는 결정해서 참가자에게 연락할 것, 회의의 목적을 명확하게 할 것, 의제를 사전에 참가자에게 통지할 것, 지루하게 질질 끄는 회의가 되지 않도록 할 것, 필요한 자료는 사전에 배포할 것, 가능한 한 시청각 기기를 활용하는 것 등이 필요하다.

현재 시행되고 있는 회의가 정말로 유효한가 아닌가를 한번 반성해 보면 도움이 될 것이다. 작은 회사에서는 회의가 이른 아침이나 업무

종료 후 또는 부정기적으로 개최되는 경우가 많기 때문에 모두가 힘든 만큼 짧으면서도 의미 있는 회의가 되도록 하여야 한다.

▥ 입안은 사장이 중심이 되어야 한다

중기 경영 계획의 입안은 사장이 중심이 되어 추진해야 함은 말할 필요도 없다. 그러나 실무는 가능한 한 누군가에게 맡기는 것이 좋다. 조직상 사장실이나 경영 기획실이 있는 회사라면 당연히 여기서 검토하여 입안을 하게 된다. 그러나 그러한 부서는 중소기업에서는 그리 흔하지 않다. 중소기업에는 중견 기업이 아닌 한 경영 기획실이 거의 없다. 그렇기 때문에 작은 회사에서는 사장이나, 상무, 총무 담당이나 경리 담당이 중심이 되어 계획을 수립한다. 실무 담당자를 중심으로 영업부에서는 매출과 영업이익 계획을 내고, 경리부에서는 경비를 예측하고 기본 목표의 숫자를 정리한다. 사장이 숫자를 보고 납득이 가지 않으면 영업부장을 불러 숫자에 대해 설명을 듣고 사장의 이야기도 반영하여 수정을 가하도록 한다. 이러한 과정을 반복하여 숫자가 정해진다.

한편 회사의 중점 정책에 대해서는 간부들에게 의견을 내도록 한다. 물론 3년 안에 이런 회사를 만들고 싶다는 사장의 비전을 충분히 설명해야 하는 것은 말할 필요도 없다. 그리고 사장과 간부와의 토의를 통하여 사원들이 참여하고 싶다는 기분을 갖도록 하는 것이 중요하다. 그렇기 때문에 사장을 중심으로 실무를 정리할 사람을 결정하고, 간부사원, 가능하면 일반 사원까지 포함하여 전원이 중기 경영 계획을 입안한다는 분위기를 조성할 수 있으면 일단은 성공이라고 할 수 있다.

계획을 발표하는 방법으로는 모처럼 전 사원이 참여하여 만든 중기 경영 계획이기 때문에 이것을 모두에게 발표하여 충분한 의견 일치를 이루어야 한다. 사장이 제멋대로 만든 것이기 때문에 아무런 관계가 없다고 사원으로 하여금 생각하게 해서는 계획 달성이 어려울 것이다. 그러나 계획 입안에 참여했으니까 목표를 달성하지 않으면 안 된다고 사원이 생각한다면 계획 달성도 충분히 가능할 것이다.

발표회는 사원의 신분을 하나로 하여 일할 의욕을 조성하는 분위기로 만들어야 한다. 가능하다면 회의장을 만들어서 전 사원을 모아 놓고 중기 경영 계획 발표회를 하도록 한다. 사장의 방침 발표·전무·상무·부장급의 발표, 그리고 젊은 사원이나 중견 사원 중 선정된 몇 명의 의견 발표 등 발표회의 방법은 여러 가지가 있을 것이다.

중기 경영 계획 발표가 대강 끝나면 그 후에는 그룹별로 나누어 이 계획을 실행하기 위해서는 어떻게 할 것인가라는 내용을 주제로 토의한다. 그룹은 부서별로 나누어도 좋고, 각 부서의 사람이 섞인 그룹으로 편성해도 좋다. 그때그때의 상황에 맞추어 결정하도록 한다. 사원들은 이러한 그룹 토론을 통하여 중기 경영 계획을 잘 이해할 수 있게 된다. 또 자신이 무엇을 어떻게 해야 하는지에 대한 역할 인식도 자연스럽게 이루어질 것이다. 가능하다면 하루에 적어도 반나절 정도는 시간을 내서 충분한 의견 일치가 이루어지도록 해야 한다. 출발이 중요하기 때문에 사업 계획은 회계연도가 시작되기 전에 꼭 짜는 것이 좋다.

░ 새롭고 정확한 정보에 귀를 기울여라

　현대의 비즈니스는 정보 전쟁이라고 일컬어질 만큼 정보력으로 좌우되는 경우가 많다. 그러나 여러 가지 정보가 범람하여 근거가 없는 정보도 많이 섞여있는 것이 대부분이다. 그만큼 신선하고 정확도가 높은 정보를 모두가 갈구하고 있다. 사장도 마찬가지. 경쟁사보다 조금이라도 싸고 가치 있는 정보를 얻을 수 있다면 그만큼 유리하기 때문이다. 사장이 가장 알고 싶어 하는 것은 잘 팔리는 상품에 대한 정보, 신소재, 새로운 원료, 가격이 싼 대체품과 같은 것이다. 사장의 생명선은 어떠한 정보원을 갖고 있는가에 달려있다. 정보원이 신선하고 정확도가 높은 정보를 제공해주면 큰 힘이 된다. 그렇기 때문에 좋은 정보원을 확보하는 것이 매우 중요하다.

　첫 번째 정보원은 구매처로부터의 정보이다. 구매처라고 해도 좋은 정보를 갖고 있는 곳, 정보가 늦는 곳 등 여러 종류가 있을 것이다. 정보원은 결국 사람이다. 정보를 갖고 있는 사람과의 관계를 잘 다져두는 것이 필요하다. 그리고 구매처 이외에 그 분야의 전문가나, 신문, 잡지, 타 경제 업계의 추측으로부터 얻은 단편적인 정보들은 스스로 하나의 정보로 취합할 수 있어야 한다. 이것이 가능하면 자기 자신이 정보를 제공할 수 있는 정보원이 될 수 있다. 요즘 비즈니스에서는 사장에게 그 정도의 수준을 요구하고 있다는 것을 알아야 한다.

▓ 신제품을 개발해야 한다

신규 고객과 거래하게 되거나 그다지 매매가 없었던 고객과의 거래가 갑자기 늘게 되는 계기는 신제품 판매에서 생긴다. 신제품을 무기삼아 공세를 펴는 것은 옛날이나 지금이나 변하지 않은 판매 촉진의 주요 테마이다. 만일 제조업체라면 더 활발히 신제품을 개발할 필요가 있다. 따라서 신제품 개발을 회사 경영 정책의 중점 사항으로 전 사원에게 철저히 인식시키지 않으면 안 된다. 조직이나 사원이 가장 효율적으로 움직일 수 있도록 연구하고 사장 스스로도 강력한 신제품 개발의 추진자가 되도록 한다. 말로는 우리 회사는 신제품 개발에 힘을 쏟고 있다고 하는 사장이 있지만, 실정을 보면 조직이나 구성원이 형편없는 경우가 많다.

우선 사내에 신제품 개발을 위한 부서를 설립한다. 그리고 신제품 개발을 하는 부서가 어디에 있고, 누가 책임자인가를 명확하게 한다. 여러분 회사가 상사(商社)나 도매상이라면 제조업체와 손을 잡고 신제품을 개발할 수 있는 힘을 갖고 있는지가 개발 포인트가 된다. 제조업체로부터 상권(商權)을 획득하여 잘 팔리는 상품을 독점하며 판매할 수 있다면 상사의 매출은 비약적으로 신장할 것이다.

신제품은 매출 확대의 매우 강력한 무기이다. 어떤 고객이나 막론하고 신제품에는 흥미를 나타낼 것이고, 지금까지 쳐다보지도 않던 고객도 매력적인 신상품을 판다면 문을 열어줄 것이다. 고객의 잠재된 욕구를 찾아 신제품 개발로 연결시키는 것이 필요하다. 정보 활용이 신제품 개발에 이용되면 매출 확대로 연결될 것이다. 매력적인 신제품 개발로 경쟁에 이겨 매출을 늘리는 것이 중요 포인트이다.

▒ 잡학을 터득한다

영업 시 고객에게 "우리 제품을 사주세요."라고 단도직입적으로 이야기해도 고객은 상대해주지 않는다. 우선 고객의 기분을 느긋하게 하여 마음의 문을 열게 하지 않는 한 상담은 성공하기 어렵다. 여기서 필요한 것이 잡학이다. 풍부하고 다양한 이야깃거리로 아무리 이야기해도 싫증이 나지 않도록 하는 것이다. 그러나 지나치게 말이 많으면 역효과가 나기 때문에 5:2:3의 비율로 하는 것이 좋다는 사람도 있다. 즉, 고객의 이야기를 5, 자기 이야기를 2, 고객과 함께 이야기하는 것을 3으로 배분한다는 것이다.

잡학을 늘리기 위해서는 호기심이 강해야 한다. 야구를 좋아하는 고객과는 야구 이야기를 해야 하고, 골프를 좋아하는 고객과는 골프 이야기를 해야 한다. 요즈음에는 취미나 놀이가 다양하여 잡학을 늘리는 것도 어렵다. 필자가 아는 어느 사장의 이야기이다. 거래처의 한 고객이 사원 여행팀의 간사를 맡고 있는데 어디로 여행 갈 것인지 고민하고 있었다. 이때 이 사장은 남이 모르는 좋은 곳을 알려주어 급속히 그 고객과 친해졌다. 이와 같이 생각지도 않은 일로 고객과 친해지기도 한다. 잡학이 직접 상담으로 연결되는 것은 아니지만 마치 약방의 감초 같은 것이어서 이것 없이는 영업 활동이 원활하게 되지 않는다. 사소한 것이 사람의 마음을 여는 계기가 된다. 앞으로 사장은 잡학을 포함하여 보다 많은 정보를 알지 않으면 안 된다.

새로운 상품, 잘 팔리는 상품의 특징을 발견하라

어떤 사업이든 사장이 바뀌면 취급하는 상품이 바뀌고, 장사 방법도 달라지게 마련이다. 시장의 흐름에 적응하지 못하면 사업은 쇠퇴한다. 한때는 융성했던 점포가 사라지는 것도 대개는 시장의 변화에 적응하지 못하고 옛날에 하던 방식을 고루하게 답습하기 때문이다.

그러기 때문에 시대의 변화, 새로운 상품, 잘 팔리는 상품 등에 대해 늘 관심을 기울일 필요가 있다. 예를 들면 자기가 하고 있는 분야와 달라도 급성장하고 있는 기업을 잘 관찰해보면 반드시 참고가 되는 것이 있다. 장사의 비결은 장삿속에 있기 때문에 회사 밖의 일에 관심을 쏟는 것도 도움이 된다. 거리를 걷더라도 주변을 관심 있게 관찰하면 보이는 것이 다르다. 쇼윈도에 장식되어있는 상품 하나를 보아도 유행을 느끼는 사람이 있는가 하면, 이렇게 비싼 것이 팔리나 하고 생각하는 사람도 있다. 사장이나 간부사원은 회사 비즈니스에 도움이 되는 것이라면 무엇이든 활용하겠다는 생각으로 늘 관찰하는 노력을 기울여야 한다. 시내를 돌아다니며 구경(town watching)하는 것도 경영에 중요한 힌트를 얻을 수 있는 한 방법이다.

현대와 같이 성숙한 사회에서는 유효수요(구매력 있는 고객=돈 있는 고객)가 전에 비해 많아졌기 때문에 장사하기가 수월해졌다. 문제는 시대의 흐름을 포착할 수 있는 날카로운 눈을 갖고 있느냐의 여부이다. 사장은 ①시내 구경, ②구매처의 개척, ③인맥 형성, ④경쟁사 연구, ⑤신규 사업의 발견 등을 통해 매출을 늘리는 힌트를 얻어보려고 노력해야 한다. 사장에서 신입사원에 이르기까지 전원이 이러한 생각을 갖고 일에 임한다면 회사는 활기에 넘쳐 발전하게 될 것이다.

▥ 구매처를 수시로 개척하라

어떤 회사든 원자재, 반제품, 상품을 구입하는 구매 업무가 있게 마련이다. 구매를 잘한다는 것은 잘 버는 것을 뜻하며, 구매를 잘하느냐 못하느냐가 경영을 좌우하기도 한다. 좋은 상품을 값싸고 안정되게 공급받을 수 있는 구매처가 성공의 기본임을 말할 필요가 없다.

여기에 한 가지 더 중요한 것은 기존의 구매처가 마음에 들지 않으면 새로운 구매처를 찾아야 한다는 것이다. 구매처의 필요조건으로는 안정되고 시기에 맞게 새로운 상품을 공급할 수 있고, 가격이나 지불 조건이 좋으며, 새로운 정보를 제공해주고, 갑작스러운 요청이나 정세 변화에 대하여 재빨리 대처할 수 있으며, 경영이 안정되어있는 곳이 좋다.

그러나 이상과 같은 조건을 모두 충족시키는 구매처를 찾는 것은 쉽지 않다. 따라서 여러 회사와 거래하면서 상호 필요조건을 보완하는 것이 좋다. 그중에서도 앞으로 필요한 것은 새로운 정보를 제공해주는 거래처이다. 특히 시장 동향에 안목이 있는 구매처를 개척할 필요가 있다. 이러한 거래처와 접촉하게 되면 자연히 담당자 자신도 계발되어 안목을 넓힐 수 있게 된다. "요즈음 이런 상품이 재미를 보고 있는데 한 번 해보시지요." 하고 제안을 해주는 거래처를 중요시하지 않으면 안 된다.

시장에서 새로운 상품이나 히트 상품을 찾고, 구매처의 정보로 이를 파악하는 노력이 필요하다. 현재 만나는 거래처를 다시 한 번 검토하여 부족한 점을 찾아내고 보완하는 노력을 하도록 한다.

가끔은 한가로이 거닐어라

요즘 젊은이들은 유행에 아주 민감하기 때문에 공부하지 않으면 금세 뒤처진다. 특히 사장이라면 더욱 한 발 또는 반 발 앞을 보는 안목이 필요하며, 잘 팔리는 상품이 무엇인지를 알 수 있어야 한다. 물론 대도시에서 잘 팔린다고 해서 지방이나 시골에서도 잘 팔리는 것은 아니다. 그러나 지금 시대의 흐름이 무엇인지 직접 자기의 눈과 발로 확인하는 것이 중요하다.

한국뿐만 아니라 가까운 일본이나 중국 그리고 멀리는 미국이나 유럽에 가서 국제적인 시야로 직접 시내를 구경해보는 것도 좋다. 그리고 화제의 점포, 상품, 경영 방법 등을 주목하여 자기가 하고 있는 장사나 경영에 활용할 수 있는지의 여부를 연구하고 행동으로 옮기는 것이 중요하다.

강남 할배 왈

리스크를 관리하라. 업무의 흐름을 보고하기 쉽도록 만들어야 한
다. 사원에게 훈시하거나 지시할 때에는 적어도 세 번은 반복하라.
사원 교육은 반복이다. 오늘 해야 할 일을 미루면 남을 이길 수 없
다. 새벽이든 밤중이든 해야 할 일은 그곳에서 즉시 붙잡아라. 작은
회사에 이익이 되는 일은 힘든 것이 많다.

07

ABOUT THE RISK

ⅢⅢ 공상가 사장

　미래를 예견하는 것은 점술사만 하는 것이 아니다. 사장도 점술사가 되어야 한다. 미래를 내다보지 못한다면 그 사장이 운영하는 회사는 살얼음판을 걷는 것과 다를 바가 없다. 미래를 내다보기 위해서는 지식보다는 지혜가 필요하다. 지식은 언제든지 탐독하여 얻을 수 있지만, 지혜는 책을 본다고 얻어지는 것은 아니다. 더 정확히 이야기한다면 지혜는 느낌이며 예감이다. 예감은 경륜에서 나오는 경우가 많다. 무엇이라 딱 꼬집어 논할 수는 없지만 지혜 곧 예감이란 살아온 경험이나 경륜에 비추어 오는 느낌이 아닐까 한다.

　사장은 공상가처럼 상상의 나래를 펼 수 있는 사람이어야 한다. 현실주의자보다 공상가가 사장으로는 더 낫다. 현실주의자는 미래는 누구도 알 수 없으며, 가봐야 아는 것이 미래라고 생각한다. 그러나 공상가는 미래를 꿈꾼다. 꿈은 언젠가는 이루어지는 것이다. 우리는 월드컵 때 보았다. 모두 다 불가능하다고 생각했던 우리나라의 4강 신화가 이루어졌다. 이것은 많은 전문가도 예측하지 못했으며, 오직 우리의 상상 속에서만 이루어진 희망이요, 꿈이었다. 그것이 현실로 이루어지고서야 우리는 그 사실을 믿었다. 아니 믿기지 않았다고 해야 더 정확한 말일 것이다. 이처럼 상상이나 공상은 사업을 하는 사장에게는 매우 중요한 허망이다. 희망이 없는 사장은 사업을 할 수 없고, 희망이 없는 사업은 빨리 접어야 한다. 희망이 없는 사업에는 미련을 갖지 않는 것이 좋다.

이루어지고 이루어지지 않는 것은 그리 중요하지 않다. 꿈은 그것을 가지고 있는 자에게만 이루어지는 것이다. 지금 우리의 문화를 보라. 핸드폰이든 인터넷이든 옛날에는 모두 상상 속의 이야기에나 나왔던 것들이다. 공상영화나 만화책에서나 볼 수 있었던 일이 현실로 이루어진 것이 어디 한두 개인가. 모두 인간의 꿈을 이루려는 욕망에서 이루어진 것이다. 미래는 우리의 상상에서 시작되는 것이다. 발전하는 회사의 사장과 쇠퇴하는 회사의 사장의 차이는 꿈을 가진 사장이냐 아니면 현실에 안주하는 사장이냐의 차이라고 해도 과언은 아닐 것이다. 어린아이처럼 사장은 순수한 마음으로 미래를 내다보는 눈이 필요하다. 그런 사장이 직원들에게도 꿈을 안겨주는 것이다.

ⅢⅢ 제품에 대한 지식을 습득하는 방법을 익혀라

필자가 상담해주고 있는 몇몇 회사에서도 젊은 사장들에게 가능한 한 빨리 일정 수준 이상의 제품 지식을 습득시키기 위해 여러모로 노력하라고 권하고 있다. 필자는 경험이 없는 영업사원에게 언제나 취급하는 제품만큼은 회사 내에서 자기가 제일 잘 아는 사람이 되도록 공부하라고 이야기한다.

제품 지식을 습득하는 방법으로는 목표 의식을 가질 수 있는 세일 즈맨 스터디 그룹(study group)이 효과적이다. 다음 스터디 모임에서 제품에 대해 설명할 세일즈맨 몇 명을 지명한다. 방법은 이 제품에 대해 전혀 모르는 고객을 대상으로 설명하는 장면을 가정하여 발표하는 것으로, 지명된 사람은 2주간 공부하여 포인트를 정리한다. 발표 당일에는 한 사람당 20분 정도 질의를 포함하여 발표하도록 한다. 듣는 사람은 그 제품을 전혀 모른다는 가정이 있지만, 실제 질의자는 선배나 과장, 부장이기 때문에 설명자는 대개 단상 위에서 어찌할 바를 모른다. 성적이 안 좋으면 다음에 한 번 더 한다. 여러 사람 앞에서 식은땀을 흘리면 흘릴수록 고객 앞에서는 능숙하게 설명할 수 있게 된다. 이런 훈련을 몇 번 하게 되면 싫어도 공부하지 않을 수 없기 때문에 제품에 대한 지식을 빨리 습득할 수 있다.

그리고 제품 지식을 습득하기 위해서는 효과적인 제품 안내서가 필요하다. 중견 기업에는 이것이 잘 정비되어있으나 중소 영세 기업은 불충분한 경우가 많다. 제품마다의 판매 포인트, 제품 특징, 성능, 경쟁 제품과의 비교 일람표, 사용 방법이나 취급 방법 등 안내서만 보아도 쉽게 이해할 수 있도록 만들어야 한다.

ⅢⅢ 판매 기술을 향상시켜라

그 판매 기술이란 고객과 거래를 할 때 고객이 제품을 사도록 유도

하는 기술이다. 그렇기 때문에 고객이 무엇을 생각하고, 무엇을 요구하고 있는가를 재빨리 감지하여 상황에 맞게끔 대응하는 것이 필요하다. 이러한 기술은 수많은 현장 경험을 통해 이루어지는 것이므로 경험을 쌓기까지는 수년이 걸리기 때문에 세일즈맨을 훈련하여 보다 빨리 체득시킬 필요가 있다.

필자가 상담해주고 있는 회사의 경우를 소개하면 이곳에서는 역할 연기법(role playing)이라고 하여 판매자와 구매자로 나누어 실제 판매 활동처럼 연기하도록 한다. 사내에 한 그룹당 10~20명 정도의 세일즈맨을 모아놓고 여러 사람 앞에서 물건을 팔도록 시키는 것이다. 구매자는 과장이나 부장 등 영업의 베테랑을 배치시킨다. 그러면 그들로부터 집요한 질문 공세를 받아 말이 막히는 경우도 종종 있다. 한 사람이 10~20분 정도 역할 연기를 한 후 좋은 점과 나쁜 점을 토의하여 세일즈맨의 판매 기술을 향상시킨다. 이러한 역할 연기법으로 연간 계획을 짜서 실시하면 세일즈맨 전체의 판매 기술은 크게 향상된다.

ⅢⅢ 상품 구성을 늘 새롭게 한다

상품 구성을 시대 흐름에 맞추는 것이 성공하기 위한 키 포인트이다. 고객이 생각할 때 저 가게에 마음에 드는 것이 있다면 언제나 제일 먼저 그 상품을 사기 위해 갈 것이다. 고정 고객을 만들기 위해서는 이와 같이 상품 구성을 새롭고 산뜻하게 하는 것이 필요조건이다. 그러기 위해서는 가만히 앉아있어서는 안 된다. 직접 밖에 나가 현재 잘 팔리는 상품이나 새로운 상품을 발견하려는 노력이 필요하다. 그리고 오래된 상품이나 안 팔리는 상품은 조기에 처분해야 한다. 그렇지 않으면 재고가 너무 많거나 팔다 남고, 구매 시기를 놓치는 일 등이 자주 일어나기 때문에 모든 신경을 집중하여 시장 동향을 예의 주시하고 늘 상품 구성을 새롭게 하는 노력이 필요하다.

▒ 고정 고객을 잡기 위해서는 3H 작전을 세워라

고정 고객을 만들기 위해서는 반드시 3H를 머릿속에 새기고 있어야 한다. 3H란 하이 테크(high tech), 하이 터치(high touch), 하이 패션(high fashion)으로, 시대의 큰 흐름을 이루는 것들이다. 이 흐름에 역행해서는 결코 성장을 기대하기 어렵다.

하이 테크란 '저 회사의 상품이라면', '저 가게라면' 하는 식의 기술 수준과 신용을 말한다. 하이 터치란 사람과 사람의 접촉을 기분 좋게 하는 대고객 접촉을 일컫는다. 그리고 하이 패션이란 상품, 서비스, 회사, 가게 등의 전체적인 분위기에서 고도의 패션을 고객이 느끼도록 하는 연출을 말한다. 이 3H를 모두 겸비한 상품과 서비스를 갖춘 회사나 가게라면 고정 고객은 반드시 늘어날 것이다.

문제는 이 3H를 구체적으로 어떻게 실현하는가이다. 경우에 따라서 구체적인 방법이 다르기 때문에 이를 전부 기술한다는 것은 사실상 불가능하다. 여기서는 3H가 시대의 주류를 이루고 있고, 이에 대한 아이디어가 없으면 어떤 일을 해도 별 효과가 없다는 것을 말하고 싶다. 물건을 물건으로서만 판매하는 시대는 이미 지났다. 물건이 물건임은 틀림없지만 여기에 +α의 부가가치를 추가하여 판매하는 시대이다. 부가가치를 시대의 흐름에 맞추어 추가시킨다면 그 기업은 성공할 것이다. 이러한 부가가치의 기본이 되는 것이 3H이다.

▥ 영업 총이익을 늘려야 한다

사장이라면 누구나 다 영업 총이익을 1원이라도 많이, 영업 총이익률이 1%라도 높은 것을 바랄 것이다. 이는 영업 총이익 중에서 일반 관리비나 판매비, 이자 지불과 같은 제 경비를 지불한 후 남는 것이 이익이기 때문에 당연하다면 당연하다고 할 수 있다. 그러므로 영업 총이익의 절대액을 크게 하는 것은 기업 경영의 가장 중요한 활동의 하나이다.

이를 실현하기 위해서 각사는 여러 가지 연구를 하고 있다. 신상품의 개발, 경비와 비용의 절감, 세일즈맨의 훈련, 싼 대체원료의 개발, 신규 고객이나 시장의 개척 등 헤아릴 수 없이 많다. 영업 총이익이 이익의 모체이고, 영업 총이익이 확대되면 이익도 커지고 자금에도 여유가 생긴다. 그렇게 되면 발전을 위한 새로운 투자가 가능해지므로 이 신규 투자가 영업 총이익을 더욱 크게 하는 강력한 무기가 된다. 영업 총이익의 확대가 여유 자금과 연결된다는 점에서도, 자금 조달을 고려해볼 때도 영업 총이익을 늘리려는 노력을 하지 않으면 안 된다.

ⅢⅢ 매출을 늘리는 지혜가 있어야 한다

회사는 영리를 추구하는 것이 목적이기 때문에 돈벌이가 안 되는 사업은 처음부터 안 하는 것이 좋다. 그렇지만 창업한 지 얼마 안 되는 회사는 좀처럼 이익을 내는 것이 쉬운 일이 아니다. 매출과 비용의 차가 제로만 되어도 다행이다.

우선 경영의 기초가 되는 안정된 매출이 필요하다. 매출이 없으면 이익을 낼 수도 없고 자금도 융통되지 않는다. 창업 초기의 기업이나 영세 기업일 경우 매출이 불안정하기 때문에 무슨 수를 쓰더라도 일정한 수준 이상의 매출을 확보하는 것이 무엇보다 중요하다. 일정한 수준 이상으로 매출을 올리고 이익을 내기 위해서는 필사적인 노력이 필요하다. 그렇기 때문에 창업 초기에는 적자를 낼 각오를 하고 자금 계획을 세워야 한다. 지금 번창하고 있는 회사도 신규 사업을 시작한 후 몇 년간은 적자를 냈던 경우가 태반이다. 신규 사업을 벌여 5년간 지속되던 적자가 드디어 흑자가 되고, 10년 뒤에는 가장 돈을 잘 버는 회사가 된 예도 있다.

그러면 어떻게 해야 매출을 늘릴 수 있고, 생긴 지 얼마 안 되는 회사는 어떻게 해야 안정된 매출을 달성할 수 있는가를 생각해보자. 어떤 회사든지 매출을 늘리기 위해 사장 이하 영업 담당 사원을 중심으로 진지하게 노력해야 한다. 같은 장사를 하는데도 한쪽은 번창하는데, 다른 한쪽은 잘 안 되는 경우가 있다. 열심히 공부하고 노력하는 회사는 그 나름대로 성과를 올리고 있고, 10년간 매일 똑같은 방식으로 운영하는 회사는 훨씬 밑에 처져 있던 동업계의 경쟁사에마저도 어느새 뒤지게 된다. 그러므로 사장은 항상 매출을 늘리는 지혜를 공부해야 한다.

⁞⁞⁞ 유망 시장을 발견해야 한다

유망 시장이란 앞으로도 확실하게 수요가 증가하는 시장을 말한다. 기업이 번영하기 위한 첫째 조건은 유망한 시장에서 비즈니스를 펼치는 데 있다. 한때는 검은 다이아몬드라 일컬어졌던 석탄 사업을 지금은 아무리 뛰어난 경영자가 경영한다고 한들 쇠퇴 산업이라는 흐름을 멈추게 할 수 없다. 따라서 수요가 점점 늘어나는 시장을 찾아 이를 주력 시장으로 하지 않으면 기업의 발전은 없다.

그렇다면 어떤 시장이 유망한가? 자기가 갖고 있는 지식, 경험, 자금, 인재, 노하우와 잘 결합될 수 있는가? 유망 시장은 성숙한 사회로 이행하는 과정에서 소비자의 욕구가 어떻게 변화하는지 그 과정에서 찾아야 한다. 물질보다는 정신적인 것의 중시, 풍요로움의 추구, 급속한 고도 정보화로의 진전, 고령화 사회 등이 앞으로 새로운 사회의 모습일 것이다.

⁞⁞⁞ 물질에서 마음의 시대로 변하고 있다

성숙한 사회의 소비자 욕구는 다음과 같이 다섯 단계로 나눌 수 있다.

첫째, 브랜드 욕구이다. 고급품의 구매로 다른 사람과 동일한 수준에 있고자 하는 욕구를 말한다.

두 번째, 개성화 욕구이다. 손으로 만든 수제품 등과 같은 것을 사용함으로써 자기만의 개성을 과시하고 싶은 욕구이다.

세 번째, 문화적 욕구이다. 물건이 아닌 심리적 만족감을 위하여 문화를 추구하는 욕구인 것이다.

네 번째, 자연과의 일체화 욕구이다. 자연과 자기를 동일화시키고자 하는 욕구로 인간이라면 누구나 갖는 욕구이다.

다섯 번째, 불로장수의 욕구이다. 무병장수의 꿈은 인간이 가진 가장 비싼 욕구로 죽음을 초월한 세계에 살고자 하는 욕구이다.

고차원적인 욕구는 물질에서 마음으로 움직인다. 구체적으로 말한다면 문화적 욕구가 증대된다고 할 수 있다. 한국은 지금 이 단계의 욕구에 와있으며, 점점 교양을 높인다든가 심적 충족감을 느낄 수 있는 것을 배운다든가 하는 문화적인 욕구가 더 강화될 것이다. 그렇기 때문에 ○○스쿨, ××교실과 같은 교양 시장이 유망한 시장의 하나로 등장하고 있다. 또한, 어떤 사업이든 이제는 문화적인 센스가 있는가 없는가가 중요한 포인트가 되고 있다. 예를 들어 카페에 아무렇지도 않게 장식된 그림이나 화병 하나에도 신경을 쓸 필요가 있다. 사장의 문화적인 센스가 요망되는 시대인 것이다.

보다 풍요롭게 살고 싶은 욕망은 시대적 요구이다. 누구나 다 풍요롭고 풍족한 기분을 맛보며 살고 싶어 한다. 그러나 언제 풍요롭고 풍족한 기분이 되는가는 그 사람이 놓여있는 상황에 따라 다를 것이다. 먼 힘든 시대에는 밥만 배불리 먹을 수 있으면 풍요로운 기분을 느꼈다. 그러나 이제는 무엇이든 풍요로운 시대이기 때문에 옷은 패션, 먹는 것은 미식, 주거는 고급 인테리어 등 고급화, 사치화의 방향으로 미적인 센스가 추구되고 있다.

또 지나치게 호화스러워지면 리스(less)라는 수요가 나온다. 예를 들어 잠깐 파티에 입고 갈 드레스를 몇백만 원을 주고 사기보다는 임대 의상실에서 10~30만 원만 주면 2~3일은 빌릴 수 있기 때문에 이러한 리스 수요는 앞으로 더욱 증가할 추세이다. 요즘은 일반 가정에서도 그림이나, 화분, 카펫, 심지어 냉장고까지 리스하는 경우가 있다.

앞으로 더욱 여성들의 사회 진출이 점점 활발해질 것이다. 여성들은 언제나 미인이길 바랄 것이고, 생활에 여유가 생길수록 아름답고자 하는 욕구는 점점 더 상승할 것이다. 아름답다고 하는 것은 여성에게는 보다 풍요롭다는 것을 의미한다. 즉 성형 미용이나 다이어트 등과 같은 여성을 아름답게 하기 위한 시장이 커질 것이다.

또한, 주 5일제 근무의 시행해서도 여러 가지를 생각할 수 있다. 여가 시간의 증대로 레저 관련 시장은 더욱 커질 것이다. 지금 크게 유행하고 있는 스포츠클럽도 유망 업종의 하나이다.

⫼ 고도의 정보화와 고령화 사회가 도래하고 있다

정보화 시대는 최근 더욱더 진전되어 세계의 정보를 어디에서도 이용할 수가 있을 정도이다. 특히 컴퓨터와 통신 기술의 발달 시스템 자체를 크게 변화시키고 있다. 텔레비전 화상으로 회의를 함으로써 시간과 출장비를 절약했다든가, 해외 거래가 활발해져 24시간 근무 체제를 만들었다든가 등 우리 주위를 둘러보면 10년 사이에 비즈니스 방법이 생각지도 못한 스피드로 진전되고 있다. 정보화는 점점 더 진전되기 때문에 이 분야는 앞으로도 크게 신장될 것이다. 따라서 이와 관련된 사업이 유망하다. 이제는 누구나 다 인터넷을 쓰는 시대가 되었고, 따라서 이와 관련된 장사 중 재미있는 것은 없을까 하는 생각을 해볼 수 있다. 어떻게든 생각하고 조사하고 시도하는 것이 필요하다. 아무런 행동도 하지 않고서는 새로운 사업이 열리지 않는다.

고령화 사회가 도래하고 있다. 고령화 사회는 필연적으로 오게 마련이다. 2025년엔 한국 전체 인구 중 60세 이상이 차지하는 비율이 23.4%에 달해 네 명 중 한 명이 고령자가 되는 시대가 된다. 그리고 평균 수명이 늘어난 현재 65세라도 건강한 사람이 많다. 필자가 어렸을 때만 해도 허리가 굽어 지팡이를 짚은 노인이 많았으나 지금은 지팡이를 사용하는 노인을 거의 찾아볼 수가 없다. 그만큼 중노동이 줄었기 때문이다. 노인이 늘어나면 당연히 그 계층의 구매력도 증가한다. 건강하게 일하는 사람도 많기 때문에 그 연령에 맞는 상품이 개발되어도 좋을 것이다. 실버 마켓(silver maker)은 앞으로 유망한 시장 중의 하나이다. 특히 건강이라는 점에서는 누구나 다 신경을 쓰기 때문에 이와 관련된 수요는 앞으로도 크게 늘어날 전망이다. 한 건축업자의 이야기로는 최근 나이 든 사람을 위해 난간을 붙이거나 계단을 없애고 욕조를 낮게 하는 건축이 점점 늘어나고 있다고 한다. 고령화 사회가 소리도 없이 조용하고 확실하게 다가오는 것을 실감할 수 있다. 이를 어떻게 비즈니스 찬스와 연결시킬 것인가 지혜를 짜내는 것도 매출을 늘리는 하나의 방법이다.

⊪ 매출을 늘리는 구체적인 방안을 가져야 한다

아파트로 이사를 가게 되면 쌀집, 세탁소, 신문사, 은행, 보험 외판원 등이 쏜살같이 찾아온다. 새로 이사를 왔다는 것은 곧 신규 고객을 뜻하기 때문이다. 어떻게든 연줄을 만들어 자기 가게에 유리하게 하려고 집요할 정도로 붙어다닌다. 그러나 이것이 일단락되면 나중에는 거의 오지 않는다. 쌀집, 세탁소도 한번 새 주인과 거래를 트게 되면 안심하는 것 같다. 경쟁이 그리 심하지도 않고 어쨌든 거래는 안정된다.

그런데 정작 가정주부 중 이에 100% 만족하고 있는 사람은 없다. 세탁소에 맡긴 와이셔츠 소매에 주름이 있는데도 그대로 놔두었다거나, 바지 선이 두 줄이 났다거나, 혹은 늘 똑같은 쌀을 주문했는데도 맛이 달라 항의 전화를 했더니 쌀을 잘못 배달하여 가만히 있었으면 속을 뻔했다거나 등 일상생활에서의 불만이 많은 편이다. 이를 거꾸로 생각하면 경쟁사가 공격을 가하면 언제든지 고객을 뺏을 수도 있다는 것을 뜻한다.

이렇듯 하는 방법에 따라 신규 고객을 얼마든지 획득할 수 있다는 기본 가정하에 판매 촉진의 구체적인 방법을 여러 가지로 생각해볼 수 있다. 어떤 수단과 순서로 판매를 촉진할 것인가를 다시 한 번 생각해보는 것이다. 판매 촉진 방법으로는 대략 신규 고객의 창출, 중요 요망 고객의 탐색, 신제품 개발, 각종 판매 기획과 행사, 세일즈맨이나 딜러(dealer)에 대한 동기부여 같은 것이 있다. 그 밖에도 여러 가지가 있으며, 이와 같은 판매 촉진은 결국 회사의 창조적 활동으로 연결된다. 경쟁사에는 없는 독특한 지혜가 매출을 증대시키는 것이다.

⁝⁝⁝ 예산은 절대 말하지 마라

판매 회사가 가장 알고자 하는 것은 구입 예산이다. 이를 알아버리면 판매하는 측은 반드시 그 예산에 맞추어 가격을 제시한다. 예산을 알리지 않으면 10% 이상 싼 가격으로 구입할 수 있는 경우가 얼마든지 있다. 그렇기 때문에 절대로 예산을 알게 해서는 안 된다.

사실 구입하는 쪽도 계획을 세워서 예산을 짜기 때문에 예산만 맞으면 마음을 놓아 좀 더 싸게 살 수 있는 기회를 놓치게 된다. 따라서 구매처로부터 예산은 어느 정도인가 하고 질문을 받았을 때는 충분히 경계해야 한다. "오늘 한잔하시죠."와 같은 말에 유혹되어 예산을 줄줄 말해버리지 않도록 충분히 주의해야 한다.

영업 담당은 예산을 알면 영업하기가 쉬워지므로 구매하는 측의 예산을 어떻게 해서라도 알려고 기를 쓰고, 구매 담당은 예산을 입 밖에 내면 손해를 보기 때문에 절대로 누설하지 않는다. 이렇게 해서 판매하는 측과 구매하는 측의 공방전이 벌어진다. 베테랑 영업 담당자는 책상 위에 아무렇지 않게 내버려둔 자료에서 예산을 감지하거나 상대방의 말꼬리에서 예산 금액을 추측하기도 한다. 한편 구매 담당은 돈을 지불하는 쪽이기 때문에 아무래도 마음이 교만해져 틈을 보이기 쉽다. 그러므로 구매 담당은 방심하거나 구매처들에 허점을 내보여서는 안 된다.

ⅢⅢ 깎는 것만이 능사가 아니다

무엇이든지 깎고 보자는 식의 구매 담당자가 있다. 그러나 가격을 너무 깎으면 오히려 바보 취급받는 경우도 많다. 판매하는 측에서 상대가 10% 이상은 반드시 깎는다고 계산하면 그 액수만큼 처음부터 가격을 올린다. 그리고는 "그건 심한데요. 그렇게 깎으면 남는 게 없습니다. 제 월급도 안 나와요. 조금만 더 쓰세요." 하며 달라붙다가 몹시 난처해 하며 깎는 값에 응하는 것이다. 이 가격은 처음부터 예정된 가격이기 때문에 판매하는 측이 만족할 만한 가격이다. 구매하는 측도 가격을 깎았다는 만족감이 있다.

그러나 사실 구매하는 측은 완전히 내막이 노출된 가격을 갖고 구매처와 싸우고 있는 것이다. 상품의 가치나 내용을 충분히 파악한 후에 가격을 교섭하지 않고 무조건 가격을 깎으려고만 하는 구매 담당자는 상대로부터 내막을 읽혀 얕보이게 되고, 가격 흥정에서도 진다. 싸게 산 줄로만 알았는데 결과적으로는 판매하는 측의 예정 가격으로 사버린 꼴이 된다.

반드시 가격을 깎는 구매 담당자보다는 시장 동향을 잘 파악하고 상품 지식에도 정통하며, 가격에 대해서도 충분한 내용 분석을 하는 구매 담당자가 더 무서운 법이다. 그런 담당자에게는 흥정이 통하지 않는다. 구매 상품의 가치를 잘 숙지하고 있으므로 서툰 흥정은 이루어지지 않기 때문이다. 따라서 반드시 가격을 깎는 구매 방식보다는 구매 상품의 올바른 가치를 판정하면서 교섭하는 것이 좋다.

공존공영의 사고방식을 가져라. 구매처와 공존공영한다는 생각을 갖도록 한다. 우리 회사만 잘 되면 되지 알게 뭐냐는 생각을 갖는다면 상대방도 이를 민감하게 느낀다. 즉 저 회사는 그 정도밖에는 안 되는 회사다, 적당히 거래를 하는 것이 좋다고 여기게 된다. 이렇게 거래해서는 좋은 정보도 들어오지 않고, 어려운 일이 있을 때 힘을 빌릴 수 없다. 공존공영한다는 생각을 갖고 서로가 손을 잡자고 하면 이득도 클 것이다.

이를 위해서는 우선 기브 앤 테이크(give and take)가 필요하다. 테이크 앤 기브(take and give)가 아니라 기브 앤 테이크(give and take)이어야 한다. 상대에게 먼저 이익을 주지 않으면 자신에 대한 반대급부도 없다고 생각해야 한다. 그래야 구매처와 공존공영의 실천은 열매를 맺게 될 것이다. 그러나 대부분의 경우 입으로만 공존공영을 외치면서 실제는 테이크 앤드 테이크(take and take)로 끝난다. 이래서는 진실된 신뢰가 생기지 않는다. 물론 공존공영할 상대를 선별하는 것이 중요하다. 함께 번영할 수 있는 경영 내용, 경영 방침, 사장의 인품, 경영 수완 같은 것도 중요한 요소이다. 믿을 수 있는 거래처를 찾아내어 공존공영의 열매를 맺을 수 있다면 회사는 반드시 크게 성장할 것이다.

ⅢⅢ 감정 반(半) 계산 반이다

세일즈맨과 구매 담당자와의 상담으로 구매가 결정되기 때문에 서로 기분이 통하기만 하면 상담은 매끄럽게 진행되고, 감정이 좋지 않다면 상담은 잘되지 않을 것이다. 세일즈맨이나 구매 담당자도 인간이기 때문에 감정적인 면이 매우 중요하다. 같은 세일즈맨이라도 어떤 사람은 경박하기 때문에 그다지 신용이 없다고 생각하는 반면, 어떤 사람은 젊은데 대인관계도 좋다고 생각하는 경우도 있다.

세일즈맨과 구매 담당자의 좋은 관계란 감정 반, 계산 반의 상태일 것이다. 아무래도 마음에 들지 않는 세일즈맨으로부터의 구매는 적게 마련이고, 감정과 계산이 맞는 세일즈맨으로부터는 보다 더 많은 구매가 이루어질 것이다. 감정 반, 계산 반은 구매 담당자의 심리를 잘 표현한 명언이라고 할 수 있다. 따라서 계산을 잊고 감정만으로 움직이면 반드시 문제가 생기게 된다.

구매처와의 궁합을 맞추어라. 구매처와의 궁합이 중요하다. 궁합이 안 맞는다는 것은 경영 이념이 정반대라든가, 사장 간에 성격이 안 맞아 교제가 없다든가, 신뢰감이 없고 마음이 잘 맞지 않는 경우이다. 이런 구매처와는 문제가 생긴다. 예를 들면, 자기 회사의 외상 매출금과 구매처의 외상 매입금과의 잔고가 현저히 다른 경우이다. 이미 지불했음에도 상대방 쪽에서는 미수금이 되어있거나 할인 금액이 처리되어있지 않고 그대로 남아있기 때문이다. 그렇기 때문에 구매처와 궁합이 잘 맞는 것이 생각보다 중요하다.

또한, 자사와 궁합이 맞는 구매처를 개척할 수도 있다. 판매하러 다니는 영업사원은 그 회사의 사풍을 반영하고 있기 때문에 영업사원을 보면 대개 그 회사의 사풍을 알 수가 있다. 화려한 회사인가 실속 있는 회사인가는 영업사원의 태도만으로도 어림짐작할 수 있다. 화려한 회사는 새로운 정보에 대해서는 비교적 민감하지만 한 발 한 발 쌓아올리려는 자세가 부족하여 어딘가 들떠있는 듯한 경향이 있다. 실속 있는 회사는 새로운 것에는 어둡고 행동도 민첩하지 못하지만, 착실히 한 발 한 발 쌓아 올린 모습을 볼 수 있다. 어느 쪽이나 장단점이 있으나 자기 회사와 궁합이 맞는 회사가 어떤 회사인가를 생각해봐야 한다. 사람들끼리의 경우 궁합이 좋고 안 좋고는 첫인상이나 조금만 이야기를 해보아도 금방 알 수 있으나, 회사 대 회사의 궁합은 사전 조사를 해보거나 거래를 해보지 않으면 판단하기가 어렵다.

﹊ 구매처를 구분하여 거래한다

구매처에도 여러 가지 타입이 있다. 기업 규모면에서는 자기 회사보다 훨씬 크거나, 비슷하거나 아니면 그보다 작은 곳 등 세 가지로 나누어 볼 수 있다. 또한, 구매처의 특징에 따라 기획 능력이 뛰어난 곳, 가끔 재미있는 신상품을 가지고 오는 곳 등도 있다. 구매 담당자는 관련 업계의 비즈니스 흐름이 어떤 방향으로 움직이고 있는가를 항상 알고 있어야 한다. 그러기 위해서는 업계의 움직임에 정통한 구매처와의 관계를 밀접하게 하여 언제나 새로운 정보가 들어오도록 해야 하며 구매처를 능숙하게 구분하여 거래하며 정보를 수집하는 것이 중요하다. 이를 위해서는 각 구매처의 특징을 충분히 파악할 필요가 있다.

우선 구매처별로 사장의 생년월일, 출신 학교, 경력은 물론 회사의 설립 연월일, 자본금, 임원진, 자기 회사와의 거래 내역, 주거래 은행, 매출규모, 사원 수, 사원의 평균 연령, 주 거래처, 현재 조직 등을 조사한다. 이에 따라서 구매처의 기본적인 데이터가 나온다. 그러나 실제로 접촉하는 것은 세일즈맨이기 때문에 세일즈맨의 개인적인 능력에 따라 차이가 난다. 예를 들어 전의 영업 담당자는 여러 가지 재미

있는 정보를 제공해주어 큰 도움이 되었는데 이번의 새로운 영업 담당은 경험도 적고 정보도 거의 제공하지 못한다는 식의 이야기를 듣는 것이다.

ⅢⅢ 신용은 무엇으로부터 시작되는가

구매처로부터 신뢰받는 출발점은 무엇인가? 기본적으로 거래가 정상적인 형태로 행해지는 것에 있다. 좀 더 구체적으로 이야기한다면 지불 조건이 좋고, 틀림없이 지불해주는 곳이다. 약속한 날짜가 되어도 지불하지 않고 2~3일 늦게 지불하는 일이 늘 있는 일이라면 신용은 떨어진다. 지불 조건은 거래의 전제 조건과 같은 것이기 때문에 예를 들면 '우리 회사는 20일이 결산 마감일이고, 다음 달 5일이 지불일로, 현금 30% 어음 70%로 지불하는데 어음의 지불 기간은 90일이다.'와 같이 대개 지불 기준이 정해져 있다. 이를 잘 지켜야만 신용이 높아진다. 받을 어음이 결제일에 제대로 결제될 수 있는가를 걱정하게 한다면 신용은 곧바로 바닥으로 떨어진다.

또한, 경영의 안정도 매우 중요한 요인이다. 저 회사는 경영 상태도 안정되어있고 지불 조건도 괜찮다고 하면 신용은 훨씬 더 높아진다. 신용을 잃는 것은 순식간이지만, 신용을 높이기 위해서는 오랜 시간에 걸쳐서 조금씩 쌓아나가지 않으면 안 된다. 그렇게 되면 자연히 여러 가지가 잘 돌아가서 모든 일이 순조로워진다.

ⅲⅲ 적당한 품질, 가격, 시기, 양을 조절하라

예로부터 적당한 품질과 가격, 시기, 양의 구매가 구매의 대원칙이라고 한다. 필요로 하는 품질 이하여서도 안 되고, 그렇다고 필요 이상으로 좋은 품질의 것도 필요하지 않다. 가격도 싼 것이 좋으나 상대방도 물건을 팔아 회사를 경영하지 않으면 안 되기 때문에 적정한 가격으로 상거래를 하는 것은 당연하다. 입하하는 것도 타이밍이 중요하고, 필요 이상의 양도 필요 없다. 그렇기 때문에 적당한 품질, 가격, 시기, 양은 그야말로 구매 업무의 포인트이고, 목표이기도 하다. 그러나 현실은 이상과는 다르기 때문에 하자 제품이 생기거나, 죽은 재고가 발생하고, 비싸게 사들이는 등 실패의 연속이다. 그래도 가능한 한 목표에 가까이 가는 노력을 계속해야 한다.

ⅲⅲ 필요 구매와 예상 구매를 파악하라

구매에는 필요 구매와 예상 구매가 있다. 가격이 내려갈 것 같으면 필요 구매를 철저히 하고 가격이 오를 것 같으면 미리 구매한다. 이것이 극히 일반적인 경향이다. 누구나 다 가격이 내릴 것이라고 생각한다면 당장 필요로 하는 최소한의 것 이외에는 구입하지 않는다. 이에 반해 가격이 올라갈 것으로 예측되면 미리 사두게 된다.

그렇기 때문에 구매 담당자는 언제나 경제의 움직임, 구입품 가격의 변동 등에 대해 관심을 갖고 있어야 한다. 수급 균형이 깨져 품귀 현상으로 어느새 가격이 50%나 올랐을 때 구매 담당자가 사전에 정보를 취하하여 사전 조치를 한다면 눈썰미가 있는 구매 담당자라는 소리를 들을 것이다.

그리고 구매 담당자는 구입품의 수요 공급 균형 상황을 언제나 파악하고 있어야 한다. 회사에 따라서는 가격 인상이 예상되는 각종 자재를 대량으로 사들여 가격이 인상되자 같은 업계에 판매하여 크게 돈을 벌어들이기도 한다. 그러나 이런 일을 하다 보면 다치는 일이 있게 되고, 본업이 아니기 때문에 안 하는 것이 좋다.

가격 교섭을 잘하라. 가격 교섭의 포인트는 구매하는 측이 구입품의 원가를 어느 정도 파악하고 있는가에 있다. 수량에 한계가 있고 사야만 할 때, 가격교섭은 매우 어려워 상대가 말하는 가격 이외로는 살 수 없는 경우가 있다. 그렇기 때문에 판매하는 측과 구매하는 측의 상황에 따를 수밖에 없다. 일반적으로 가격은 수요와 공급에 의해서 결정되기 때문에 판매하는 측이 약한 입장이고, 구매하는 측이 강하면 우선 원가를 정확히 파악하는 것이 교섭의 강한 무기가 된다.

그리고 당연한 이야기이나 거래의 계속성이나 양에 따라서도 가격 교섭은 다를 것이다. 구매 담당자는 가능한 한 싸게 사려하고 세일즈맨은 가능한 한 비싸게 팔려고 서로 간에 밀고 당기며 흥정을 한다. 깎으려고 하면 세일즈맨은 여러 가지 다른 조건을 내걸 것이다.

여러 가지 장면을 떠올릴 수 있으나 결국 가격 교섭의 포인트는 무리 없는 선에서 타협하는 것이다. 서로가 상대방의 상황을 이해하고 때로는 깎아 주기도 하며 서로 이익이 되는 방향에서 결론을 찾아야 한다.

⃰ 검품 시스템을 구축하라

구매 상품이나 원자재 등이 들어왔을 때 수량 품질 등에 대해 검사해야 한다. 검사를 하지 않아도 괜찮다면 좋겠지만 좀처럼 상황이 그렇지 않다. 포장을 풀어보면 주문하지도 않은 물건이 나온다든가 타사의 주문품을 잘못 알고 보내는 일이 종종 있다. 때로는 파손되었거나 분실되는 경우도 있다.

그렇기 때문에 납품서와 현품을 반드시 체크하여 주문한 대로 물건이 왔는지 확인하는 검품 시스템을 확립할 필요가 있다. 구매처가 큰 회사라고 신용하여 체크를 하지 않았더니 전혀 다른 원료가 들어와 공장이 멈췄다는 이야기도 있다. 그러나 트럭 등을 사용하여 대량으로 일시에 들여오면 이를 하나하나 검품하는 수고도 만만치 않다. 최근에는 회사마다 여러 가지 기구를 사용하여 가능한 한 효율적인 검품 시스템을 연구하고 있는 것 같다.

검품에는 전체 검사와 임의 추출검사가 있다. 동일한 품목의 물건을 대량으로 구입했을 경우에 임의 추출 검사로 품질이나 수량을 체크하여 전체를 추측하는 것이다.

주문한 물건이 납품될 때는 검품을 확실히 하는 것이 중요하다. 작은 회사에서는 손이 모자라 트럭으로 들여온 물건을 그대로 창고에 처박고 납품서에 무턱대고 도장을 찍어보내는 경우가 많은 것 같다. 그러나 나중에 여러 가지 문제가 일어나고, 조치가 늦어져 결국 시간과 경비를 헛되이 쓰게 되는 결과를 낳을 뿐이다.

ⅢⅢ 새로운 구매처를 개척하라

새로운 구매처의 개척은 반드시 해야 하는 과제이다. 현재 좋은 구매처가 있어서 따로 개척할 필요가 없다고 생각하고 있는 회사도 새로운 구매처를 개척할 필요가 있다. 왜냐하면, 거래를 할 것인가 안할 것인가는 충분히 검토하는 것이 좋으나, 현재 거래하고 있는 구매처보다도 새롭고 좋은 상품을 갖고 있는 구매처를 찾다 보면 사업의 폭도 넓히고 구매 담당자의 시야도 넓힐 수 있기 때문이다.

사장은 자기 계발을 위해서도 새로운 구매처를 찾는 것이 좋다. 아무리 좋은 거래처라도 오랜 기간 거래하게 되면 점점 더 매너리즘에 빠지고 태만해져 서로 간에 자극도 적어지고 느끼는 것도 적어진다. 구매 담당자도 구매처를 잘 알기 때문에 맡겨놓으면 안심할 수 있고, 편하다는 기분이 든다. 즉 열심히 노력하여 좀 더 나아지겠다는 마음이 약해진다. 이렇게 되면 경쟁사에 비해 조건이 뒤처지기 시작한다. 새로운 구매처의 개척은 구매 담당자에게 자극을 주어 앞으로 나가게 하는 지렛대가 되기도 하므로 회사의 목표로서 새로운 유력 구매처를 언제나 개척하도록 한다.

ⅢⅢ 경쟁사에 대해 연구하라

자사의 최대 경쟁사는 어디인가? 그 경쟁사를 연구하고 있는가. 경쟁사와 비교해볼 때 자사의 강점과 약점을 명확히 인식하고 있는가. 경쟁사가 출하한 신상품을 구입하여 연구하고 있는가, 이처럼 경쟁사를 연구하는 것은 매우 중요하다. 사업에 있어서 경쟁사는 자기 회사보다 약간 위가 좋으며, 그 경쟁사를 쫓아간다는 목표를 세운다. 경쟁사의 강점, 자사보다 뛰어난 점을 목표로 삼아 우선 그 회사를 따라잡으려는 노력을 해야 한다.

경쟁사는 취급하는 상품도 다를 것이며, 신상품도 출하할 것이다. 그러한 상품을 잘 분석하면 어떤 정책을 세워서 새로운 상품을 팔 수 있을지 알 수 있다. 그렇기 때문에 경쟁사 연구는 철저하게 해야 한다. 경쟁사의 약점에 초점을 맞추어 판매 공세를 펴도록 한다. 이기기 위해서는 상대방의 가장 약한 곳을 노리는 것이 상책이다. 강점을 공략해서는 이길 승산이 없다.

또 다른 업종이라도 급성장하는 분야가 있다면 이것도 철저하게 체크할 필요가 있다. 지금까지는 없던 새로운 상품이 히트했을지도 모르고, 새로운 방법으로 고객을 개척했을지도 모른다. 아니면 판매 유통망의 혁신을 기했을지도 모른다. 그렇다면 바로 조사에 착수하도록 한다. 조사는 자기 회사가 직접할 수도 있고, 외부 전문 기관을 이용해도 좋다. 이때 조사 요망 사항을 명확하게 해야 한다. 처음부터 이것을 모호하게 하면 모처럼 비싼 경비를 들여 나온 조사 자료가 도움이 되지 않기도 한다. 이 점에 충분히 유의해야 한다.

강남 할배 왈

돈맥을 찾아라. 돈을 못 버는 사장은 쓸모없는 존재이다. 돈을 버는 일은 사장의 가장 중요한 업무이다. 작은 회사 사장의 사회적 지위는 낮다. 하물며 돈을 벌지 못하는 회사의 사장이라면 어떻겠는가? 훌륭한 사장이란 돈 버는 일을 당연하게 하는 것이다. 직원이 돈을 벌어줄 것을 기대하지 마라.

08

MONEY

⫶⫶ 돈을 모르면 사장이 아니다

세상에는 많은 직업이 있다. 그중에서도 사장이라는 직업은 많은 직장인에게 동경의 대상일 수 있다. 그러나 전문 경영인과 창업주는 구별하여 인식해야 한다. 전문 경영인은 일종의 관리자다. 창업주의 정신을 이어받은 사업을 번성하게 하든 전문 경영인은 창업주가 만들어 놓은 것에서부터 시작하는 것이다. 많은 사람이 부러워하는 것은 전문 경영인이다. 반면 창업주는 전문 경영인과는 많은 부분에서 다르다. 무에서 유를 창조하는 사람이기 때문이다. 그래서 욕도 많이 먹고 시련도 많이 당하며, 고초도 많이 겪는다. 이렇듯 종류가 다른데도 많은 사람이 전문 경영사장과 창업사장을 구분하지 못하고 사장이라면 그저 부러워하는 경향이 있다.

우리가 알고 있는 점잖고 품위가 있는 사장은 창업주가 아닌 전문 경영인이다. 전문 경영인은 창업주가 일구어낸 것을 가지고 품위를 지키며 사업한다. 그런 전문 경영인을 동경하여 창업을 한다면 그것은 엄청난 착각이다. 창업주는 전문 경영인과는 많은 것에서 질적으로나 능력으로나 차이가 나기 때문이다. 나무가 열매를 맺기 위해서는 농부의 피땀이 있어야 한다. 전문 경영인은 과수원을 지키는 사람일 뿐 피땀을 흘리는 농부가 아니다. 피땀을 흘리면서도 열심히 꿈을 꾸며 갖은 고생을 한 창업주가 있었기에 전문 경영인이 품위를 지키면서 사업을 할 수 있는 것이다.

이렇듯 사장은 환상을 좇는 자리가 아니다. 사장을 한다는 것은 고생문을 스스로 여는 것이다. 모든 것이 긴축이며, 허리띠를 졸라매고 일을 해야 한다. 그것이 사장이다. 체면도 버려야 하고, 양심도 때론 버려야 한다. 어디 그뿐인가? 취미도 버려야 한다. 철저히 자신을 버리지 않으면 사장이 될 수 없다.

사장은 특히 돈을 알아야 한다. 돈의 소중함을 누구보다도 잘 알아야 한다. 돈 때문에 서러움도 당하고 무시도 당하고 애걸도 하는 것이 사장이다. 탁구공처럼 이리 뛰고 저리 뛰는 돈을 좇아 무엇이든 하는 것이 사장이다. 그래서 사장은 돈에 대해 누구보다도 잘 알고 있다.

사장의 모든 주변은 돈으로 이루어진다. 돈이 없는 사장은 사장이 아니다. 사장은 돈이 항상 있어야 한다. 돈을 잃는 것은 사장 자리를 잃는 것이다. 돈을 잘 관리해야 한다. 돈을 관리하지 못하는 사장은 언제든지 자리를 내놓아야 할 것이다.

돈의 회전율에 주의를 기울여라

자금 효율은 회전율을 높임으로써 좋아진다. 총자본 회전(매출액胎記謎)을 조금이라도 향상시키는 것이 자금의 효율화를 위해 매우 중요하다. 이를 위해서는 총자본의 신장 이상으로 매상액을 신장시키거나, 총자본을 줄이거나, 아니면 양쪽을 동시에 늘려야 한다. 그렇기 때문에 사원 한 사람 한 사람이 이에 대해 제대로 인식하고 있지 않으면 회전율은 향상되지 않는다. '이 정도야 괜찮겠지.' 하고 사원들이 안이한 생각을 갖게 되면 손실은 커질 것이며, 이러한 사고방식을 철저히 배제하지 않는 한 회전율은 높아지지 않을 것이다. 우선 비합리적인 것을 철저하게 배제하는 사고방식을 전 사원에게 심어주어라. 그러면 자금 효율도 자연 향상될 것이다.

구매는 결산 마감일 이후에 한다

구매처의 결산 마감일이 20일이라고 하면 지난달 21일부터 이번 달 20일까지 구매한 상품이 정리되어 청구서가 온다. 간단하게 말하자면 20일에 구매하면 곧바로 청구서를 보내게 되는 것이다. 21일에 구매하면 결산 마감일이 20일이기 때문에 다음 달 20일까지 약 1개월간 결제가 늦추어진다. 구매하는 측에서 보면 그사이에 이자 이익이 생기므로 구매는 결산 마감일 이후에 하는 것이 좋으며, 20일 이전에 구매를 하면 이자 이득이 생기지 않는다는 점을 생각해야 할 것이다. 판매하는 쪽도 이를 잘 알고 있기 때문에 이쪽에서 21일에 구매를 했다 해도 전표상으로는 20일에 구매한 것으로 처리할 수도 있기 때문에 방심해서는 안 된다.

이번 달은 매상이 기준에 도달하지 못해 21일의 구매분을 20일 구매로 했으면 하는데요. 그렇게 되면 저도 목표를 달성할 수 있습니다."라며 세일즈맨이 울다시피 부탁하는 경우가 있다. 서로 안면이 있고 사정도 이해하게 되면, 이번만은 봐준다는 식으로 상대의 페이스에 말리게 된다. 그렇기 때문에 21일과 22일 구매분에 대해서는 결산 마감일 이후, 즉 다음 달 며칠에 구매했다는 것을 확실히 하는 것이 좋다. 방심하면 언젠가는 20일 자 청구서가 날아오는 경우가 생기고 만다.

구매 상품의 종류가 많아지면 체크하는 것도 큰일이 되어 생각지도 않은 실수를 하게 된다. 구매 담당자는 지불 기간 차이로 이자 소득을 높일 수 있다는 감각을 갖고 일하는 것이 중요하다.

〜 은행의 신용을 얻는다

저금리 시대로 은행의 신용도 느슨해지고 있으나, 금융기관의 신용을 얻는 것은 위기 상황에서는 대단히 중요하다. 은행의 신용은 회사의 대차대조표나 손익계산서보다도 그 회사를 경영하고 있는 사장의 인물평에 비중을 더 둔다.

중소기업의 경우 상장하고 있지 않기 때문에 재무제표(財務諸表)의 신뢰도가 낮다. 극단적인 말을 하자면 은행에 제출된 서류는 사정이 안 좋은 것은 모두 생략하고 이른바 좋은 것만 꾸민 것이 보통이다.

그렇기 때문에 서류보다는 사장이라는 한 인물을 중시하는 것이다. 차입금의 변제일에 반드시 변제를 한다든가, 적립예금을 계속해서 한다든가, 은행과의 거래에 있어 견실한 사람인가 등으로 신용도를 판단한다.

예를 들어 결산을 종료하면 사장과 경리부장이 은행에 가서 결산에 대해 설명을 하고 아울러 다음 계획을 설명하는 회사가 있는데, 이러한 견실함이 신용을 만드는 토대가 되는 것이다. 은행용으로 여섯 종류의 대차대조표나 손익계산서, 자금 계획서 등을 만들던 회사가 있었다. 경리부장도 어떤 것을 어느 은행에 제출했는지 잘 몰랐고, 어느 날 결국 이것이 탄로 나 버렸다. 결국, 그 회사는 은행으로부터 버림받아 도산 직전에까지 가서 대기업에 흡수되었다.

은행의 신용을 얻기 위해서는 한 발 한 발 착실하게 노력을 쌓아 나가는 것이 필요하다. 은행은 전망이 없는 회사에 융자해주지 않는다. 장래에 크게 거래하게 될 것을 바라고 거래를 하기 때문에 그 기업의 성장성이 중요한 포인트이기도 하다. 따라서 모든 일에 재빠르게 대응해야 한다. 은행에서 요청한 자료가 곧바로 나오는 회사와 좀처럼 나오지 않는 회사의 평가는 상당히 다르다. 관리 수준을 달리 평가받기 때문이다.

중소기업의 경영은 상황 변화에 대해 즉시 대처할 수 있다는 점에 특징이 있기 때문에 재빠른 대응이 가능하다. 고객이나 구매처로부터의 문제 제기에 대하여 곧바로 해답을 제공하는 것이 신용으로 연결된다. 저 회사는 대응이 빠르다, 이야기하면 곧바로 답신이 온다고 하면 신용이 꽤 높아질 것이다. 반면 조직이 커지면 분파주의에 빠진다든가, 품의서(稟議書)를 결재하는 데 시일이 오래 걸린다든가 하는 식으로 점점 결정이 늦어진다. 조직이 경직화되면 나타나는 현상의 하나는 재빠른 대응을 할 수 없다는 것이다.

그러나 중소기업의 경우에는 재빠르게 조직적인 대응을 할 수 있다. 기본적인 것은 매뉴얼을 만들어서 그에 따라 철저하게 시행하고, 중요한 문제라면 사장이 그 자리에서 판단을 내려 결정한다. 중요한 것은 빠른 대응이 중요하다는 것을 인식하고 있는가이다. 보통 고객에게 답변하는 것을 잊거나, 바빠서 처리를 연기시키는 등 회사 형편에 따라 대응하는 경우가 많다. 그런 대기업적 증상이 일어나지 않도록 충분한 경영상의 관리가 필요하다.

▥ 적자가 나도 망하지는 않지만, 돈이 막히면 즉사한다

들어올 돈을 계산한 후 나갈 돈을 통제하는 것이 기업 경영의 대원칙이다. 회사는 말단 신입사원에서 사장에 이르기까지 전부 돈을 쓰는 곳이다. 돈을 전혀 벌지 못하거나 적자가 나도 한 달이 지나면 월급을 지불해야 한다. 전기료, 전화비 등 모든 경비도 물론이다. 따라서 돈이 어느 정도 들어올 것인가를 계산한 후 그 범위 내에서 쓰지 않으면 금세 돈이 궁색해진다. 물론 적자가 나더라도 자금이 계속 들어오기만 하면 망하지는 않는다. 그러나 적자가 계속되면 자금도 계속 조달되지 않는 것은 당연한 일이다.

회사 경영에 있어 자금 계획은 매우 중요하다. 창업 2~3년 만에 도산한 회사를 보면 사장이 자금에 대해 느슨한 경우가 많다. 들어온 돈을 전부 번 것으로 착각하여 사용했기 때문이다. 사장은 원활하게 자금을 조달하고 회전시키기 위한 기초를 정리해야 한다. 요즈음 금융 제도는 매우 발달하여 기업에 따라서는 외채를 발행하거나 임팩트 론(impact loan: 용도 제한이 없는 외국 차관)을 활용하는 등 금융도 국제화하고 있다. 현행 상거래는 신용 거래가 중심이 되기 때문에 어음이나 수표에 대한 지식도 반드시 필요하다. 중소기업의 경우 약속어음 결제가 제날짜에 단 한 번이라도 이행되지 않을 때 은행 거래정지 처분을 받아 도산하게 된다. 그렇기 때문에 약속어음 결제는 무엇보다 확실하게 하지 않으면 안 된다. 어음 결제 당일에 결제 자금이 부족하면 부도가 난다. 약속어음 결제일을 잘못 알고 있었다는 따위의 이야기는 통하지 않는다.

돈은 아무리 엄격하게 관리해도 지나침이 없다. 자금 계획이란 지불할 돈을 효율성 있게 조달하는 것을 말한다. 돈은 사람으로 치자면 피와 같은 것이다. 피가 멈추면 사람이 죽듯 회사도 즉사한다. 필요한 돈을 마련할 수 없을 때 도산, 즉 회사의 죽음이 기다리고 있다.

▥ 자금 계획과 손익(損益)의 차이를 분석하라

자금 계획과 손익의 차이를 명확하게 이해하는 사람이 의외로 많지 않은 것 같다. 손익은 매출에서 원가와 그 밖의 모든 경비를 뺀 금액(이익 또는 손실)을 말한다. 매출액 중에는 아직 입금되지 않은 외상 판매 대금도 있고, 원가나 경비 중에는 아직 지불하지 못한 금액도 포함되어 있다. 1개월이든 1년이든 특정 기간에 이익이 어느 정도 생겼는가를 계산한 것이 손익계산서이다. 전문 용어로는 기간손익(其間

損益)이다.

이에 반해 자금 계획은 실제 입금된 돈과 지불하는 데 필요한 현금을 비교하여 자금의 과부족은 어느 정도인가, 또 부족분을 어떻게 조달할 것인가를 나타낸 것이다. 그리고 입금 예정의 현금과 지출 예정의 현금 대차표가 자금 계획표이다. 자금 계획표에서는 현금이 부족할 때 차입금을 어떻게 조달할 것인가가 과제이다.

자금계획의 가장 기본인 수입과 지출 항목을 보자. 수입은 현금 회수 및 받을어음 두 가지가 기본이다. 받을어음은 은행에서 할인하지 않으면 현금이 아니기 때문에 엄밀하게 말하면 할인율 범위 내에서의 금액이라고 하는 것이 옳다. 지출에는 지급어음, 차입금, 급여 및 기타 제 경비가 포함된다. 자금 계획의 최대 포인트는 필요자금을 빨리 조달하는 것이다. 그렇기 때문에 3개월 정도 앞서서 자금 계획에 임하는 것이 중요하다.

수입과 지출을 비교하여 자금이 부족할 경우 부족액을 어떻게 조달할 것인지 생각한다. 보통 은행에서 차입하거나 어음을 할인하거나 예금을 해약하지만, 사태가 악화되면 이것만으로는 부족하다. 그래서 시중의 고리대금에 의존하거나 지급어음의 결제 날짜를 늦추는 등 여러 가지 문제가 발생하기 마련이다. 자금계획의 기본은 매출을 조기에 현금화하여 지불액과의 균형을 이루는 것이고, 자금의 효율화를 기하는 것이다. 불량 재고는 자금이 그냥 자고 있는 것이나 마찬가지기 때문에 그만큼의 돈이 여분으로 필요하다. 어떤 회사는 최근 몇 년간 한 번도 사용한 적이 없는 골프장 회원권을 약 1억 원이나 주고 구입하였다고 하는데 이것은 자금이 푹 자고 있는 것과 같다. 자금의 효율화를 기하지 않으면 안 된다.

전자어음의 발행 한도를 정하라

전자어음을 발행하게 되면 결제일까지 돈이 필요 없다. 어음으로 지불하면 무엇을 구입하든 많은 현금을 지불할 필요가 없기 때문에 지불 기간이 3개월이면 3개월 후 몇 월 며칠에 A은행에서 지불한다는 약속된 전자어음을 발행하면 된다. 물론 상대가 이를 거부해서는 어음을 사용할 수 없다. 신용 거래가 보편화된 오늘날에는 어음 결제가 일반화되고 있다.

한 번 발행된 전자어음은 법률로 엄격히 규제되고 보호받는다. 발행자가 약속을 위반하면 은행 거래중지가 되고 신용불량 기업으로 등제되어 상거래가 이루어지지 않는다. 그렇기 때문에 어음 결제에는 상당한 신경을 써야만 한다. 어음을 남발한 후 결제일에 갑자기 행방을 감추려는 의도적인 계획이 없는 한 발행자는 필사적으로 어음을 결제해야 한다. 결제 자금은 당연히 매출에서 나오는 것이 기본이다. 그런데 3개월 후의 매출이 어느 정도가 될지 정확한 금액을 알 수 없다. 이 정도 어음을 발행해도 괜찮겠지 하고 대략 짐작하여 발행하다 만일 매출이 뚝 떨어지면 어음 결제가 어려워진다. 따라서 그달의 매출액에 대한 지급어음 결제액을 몇 % 이내로 억제하면 좋은가에 대해 언제나 주의할 필요가 있다. 이 안정권 비율은 업종이나 기업 규모에 따라 다르지만 제조업인 경우 40% 이내, 건설업인 경우 50% 이내, 도매상인 경우 60% 이내가 건전한 경영이라고 할 수 있다.

또한, 운전 자금의 증가에 주의해야 한다. 자금 계획에 여유가 있다는 것은 결국 잘 벌고 있다는 것을 의미한다. 손익과 자금 계획의 일치는 시간적인 차이가 있기는 하지만 결국 끊을래야 끊을 수 없는 관계이다. 돈을 못 버는데 자금에 여유 있는 회사는 없을 것이다. 반대로 돈을 잘 버는데 자금이 궁색하여 매일 자금 변통에 쫓기는 회사도 없을 것이다. 이처럼 매출이 신장되고 이익도 예상대로 오른다는 것은 자금 계획이 보다 용이하다는 것을 뜻한다. 따라서 회사는 판매 대금 중 어음으로 회수하는 비율은 어느 정도인가, 지불을 어음으로 하는 비율은 어느 정도인가. 받을어음의 지불 기간과 지급어음의 지불 기간 중 어느 쪽이 더 긴가 등을 고려해야 한다. 매출이 늘어나면 운전 자금도 그만큼 늘어나는데, 전부 현금으로 회수하는 사업일 경우 매입 대금을 어음으로 지불하면 그만큼 현금이 남아돌아 여유 자금이 생긴다. 반대로 받는 것은 전부 어음이고 지불하는 것은 현금이라면 매출의 신장 폭만큼 현금이 더 필요하게 된다. 기업의 체질이 후자라면 매출이 늘어남에 따라 운전 자금도 당연히 늘어나 경영이 악화된다. 늘어나는 운전 자금은 생각대로 조달되지 않기 때문이다. 이럴 때에는 고문 세무사에게 한 번 자금계획 분석을 의뢰하여 이 점을 충분히 검토할 필요가 있다.

▓ 감가상각의 기초지식을 습득하라

건물이나 기계와 같은 고정 자산은 세무상 내용연수(內容年数)가 정해져 있어 일정한 연수가 지나면 상각(償却)할 수 있다. 감가상각비는 손실로 처리되므로 손익계산서상에는 그 금액만큼 이익이 적게 표시되어 자산 재평가까지 자금의 내부 유보가 가능하다. 자금 계획상 그만큼 플러스가 되는 것이다. 설비 투자가 활발한 회사는 감가상각비도 많아진다. 토지는 몇 년 사용해도 그 가치가 감소하지 않기 때문에 감가상각이 없다.

감가상각 방법으로는 크게 나누어 정액(定額) 상각법과 정률(定率) 상각법이 있고, 전자는 내용 연수에 따라 정액으로 상각하는 방법이고, 후자는 내용 연수에 따라 정률로 상각하는 것이다. 정액 상각에 비해 정률 상각이 처음에는 상각액이 많다. 그렇기 때문에 이익이 많은 회사는 정률 상각법을 선택하여 빨리 상각자산의 경시 자금을 조달하려고 한다. 정률 상각은 상각액이 크므로 일정 수준의 이익을 확보하고자 하는 회사나 이익이 낮은 회사는 정액법을 선택한다. 어떤 상각법을 사용할 것인가는 세무서에 신고해야 한다. 자금을 빨리 회수하려면 정률 상각이 유리하지만, 회사에 따라 사정이 다르기 때문에 어느 쪽이 좋다고 일률적으로 이야기할 수는 없다.

이상과 같이 감가상각비는 손익이나 자금 계획에 중요한 역할을 한다. 사장은 감가상각비에 관심을 갖고 이것을 손익과 자금계획면에서 활용해야 한다.

░ 대차대조표를 체크하라

결산기가 되면 회사는 대차대조표나 손익계산서, 기타 재무제표(財務諸表)를 작성한다. 대차대조표의 자산 부분은 유동 자산과 고정 자산, 투자 등 세 가지 항목으로 나누어지고, 각 자산이 계정 과목별로 상세하게 기록된다. 이때 계정 과목별로 놀고 있는 자금은 없는가를 체크할 필요가 있다. 예를 들면 불량 채권이 되었거나 회수가 불가능한 외상 판매대금이 자금으로 기재되어 있다면 분명 자금이 자고 있는 것이다. 불요불급한 유휴 자산을 체크하여 자금화하는 것도 고려해야 한다.

연간 매출 50억 원 정도의 모회사는 불량 외상 판매 대금이 3억 원이나 있었다. 회수가 불가능하여 구체적으로 손을 써보지도 못한 채 방치된 상태였다. 이러다가는 회사가 위험하다고 생각하여, 영업사원 전원을 모아 건별로 회수 담당 책임자를 결정하고 철저한 회수 활동을 펼쳤다. 그중에는 소송 사건으로까지 번진 것도 있었다. 1년에 약 2억 원을 회수하였고, 나머지도 월부라든가 각각 상대와의 합의로 회수할 수 있었다. 결국, 1년 만에 소송에 걸려있거나, 회수가 어려운 것은 약 3천만 원 정도로 되었다. 이 회사는 지금까지 회수 책임이 영업부에 있는지 경리부에 있는지 책임 소재가 불분명했으나 이후 대금 회수의 책임은 영업부, 미수금의 체크 책임은 경리부로 책임을 명확히 하여 일을 진행했다. 이처럼 대차대조표를 체크하고 불량 자산이나 유휴 자산을 처분하여 자금을 유효하게 활용하지 않으면 안 된다.

⁙ 금융기관과 잘 교제하는 방법을 연구하라

금융기관과는 평소의 오고 감이 중요하다. 은행은 비가 오면 우산을 거두고, 날씨가 쾌청하면 우산을 빌려주는 곳이다. 은행도 장사이기 때문에 위험한 회사에 돈을 빌려주지는 않는다. 이러저러한 주문을 붙여 담보를 완벽히 받은 다음 망하더라도 대부금은 회수할 수 있을 것 같다는 확신이 없이는 융자해주지 않는 것이다. 우수한 기업은 은행에서 자금을 빌리지 않더라도 내부 유보자금의 확충, 사채의 발행, 증자와 같은 방법으로 자금 조달이 가능하겠지만, 새로 창업한 회사나 중소기업은 자기 자본이나 주변에서 융통할 수 있는 자금이 없다면 은행을 이용할 수밖에 없다.

기업에 대부되는 자금은 항상 부족하지만, 기업을 경영하기 위해서는 은행과 거래하지 않을 수 없는 것이 오늘의 현실이다. 그리고 위기에 처했을 때 은행이 매우 중요한 변수로 작용하기 때문에 잘 교제하는 것이 좋다. 금융기관의 신뢰를 높여서 손해될 것은 하나도 없다.

▥ 주거래 은행을 선택하는 방법을 알아야 한다

어느 은행과 거래할 것인가가 매우 중요하다. 은행에도 여러 가지가 있어 특수 은행(한국은행, 한국산업은행 등), 시중 은행(우리은행, 기업은행, 하나은행, 국민은행, 지방은행 등), 상호금융기관(새마을금고, 상호신용금고, 신용협동조합 등), 외국 은행 등이 있다. 우선 주거래 은행은 자사의 분수에 맞는 곳을 선택하는 것이 좋다. 작은 회사라면 중소기업은행이나 그 밖의 시중 은행, 상호신용금고 또는 새마을금고 등 지역과 밀착되어있어 담당자도 자주 바뀌지 않으며 성실하고 부지런하게 뒤를 봐주는 곳이 좋다. 그러나 기업의 규모가 커지게 되면 정부계열의 금융기관이든, 신용금고이든 회사에 대한 대출 자금의 한도가 작아 충분한 돈을 대출받기가 어려워진다.

창업할 즈음에는 우선 자사의 규모에 맞는 곳을 선택하는 것이 좋다. 규모가 맞지 않는 곳에서는 상대가 중요 고객으로 보이지 않기 때문에 대출받기가 어렵다. 그리고 주거래 은행 이외에도 한군데 정도는 다른 은행과 거래를 해도 좋을 것이다. 거래하는 은행은 여러 가지 정보를 제공하는 곳이 좋다. 금융도 매우 국제화되고 있기 때문에 세계의 금융 정세에 대한 정보를 제공하는 은행을 선택하도록 한다. 이것이 의외로 공부도 된다. 그리고 소액 현금을 이용할 때는 가까이에 점포가 있는 은행이 편리하고 좋을 것이다. 이것은 유력한 거래처에 담당자가 매일같이 얼굴을 내밀고 있는 것과 같다.

은행 간의 경쟁이 치열해지면서 유력한 고객에게는 훨씬 낮은 금리나 무담보 대출을 해주는 등 옛날에는 생각지도 못했던 좋은 조건을 내건다. 그러나 조건이 좋다고 거래 은행을 자주 바꾸면 저 회사는 조건만 다르면 바꾼다는 평가를 받기 때문에 이 점에 충분히 유의해야 한다.

▥ 한 은행과만 거래할 것인가, 복수 거래를 할 것인가

회사가 잘 될 때는 두 손을 비비면서 접근하지만 어려워지면 차가운 태도를 취하는 것이 은행이다. 이것은 일의 성격상 어쩔 수가 없다. 그러나 평소 쌓아놓은 신용이 있으면 어려울 때 도와주는 곳도 은행이다. 그래서 한 은행과 깊은 교제를 하며 그곳만 고집하는 회사도 있다. 창업한 지 얼마 안 되는 작은 회사라면 모든 것을 맡긴다는 식으로 한 은행과만 거래하는 것이 신용을 쌓는 길일지도 모른다. 귀사에 전적으로 맡긴다는 자세와 회사를 키워주자는 자세가 잘 합치되면 한 은행과의 거래는 상호 신뢰 관계를 높여 강한 기반이 될 것이다. 이를 위해서는 회사의 사장과 은행의 지점장 간에 면식이 있고, 개인적인 신용도 상당하다는 전제 조건이 갖추어져 있어야 한다. 창업한 지 얼마 안 되는 회사라면 한 은행과의 거래만을 권장한다.

그러나 좀 규모가 커져 차입금이 증가하거나 혹은 무역과 같은 업종의 경우에는 한 은행과의 거래만으로는 해내기 어려운 문제들이 생긴다. 이 단계에서는 거래 은행을 늘리는 것을 검토해야 한다. 또 장기 자금을 차입할 수 있는 은행과 거래를 하게 되면 기업의 수준이 일정 수준을 넘었다는 평가를 받게 된다. 이른바 신용도가 상당히 올라가는 것이다. 그렇기 때문에 한 은행과의 거래에서 벗어나서 생각하는 것이 좋을 것이다. 자사의 상황에 맞는 은행을 선정하여 원만한 관계를 유지하는 것이 좋다.

▥ 거래 은행을 정기적으로 방문하라

사장이 정기적으로 주거래 은행을 방문하여 회사의 상황에 대해 여러 가지 설명을 해주는 것은 매우 효과적이다. 주거래 은행은 사장의 이야기를 듣고 회사의 방침이나 계획의 진척 정도, 자금 수요의 사정 및 시기 등 알고자 하는 것들을 거의 알게 되기 때문에 안심한다. 그리고 이 회사라면 틀림없다는 신뢰감이 생겨 회사의 신용이 올라간다. 사장이 스스로 가서 상황 설명을 하기 때문에 나쁘게 평가될 리가 없다. 상황이 나쁘더라도 전면적으로 협력해주게 된다.

그러면 어떤 시기에 방문을 하는 것이 좋은가? 1년 계획에 대한 설명, 결산 보고, 중간 결산 보고 등 이상의 세 번은 꼭 필요하다. 1년 경영 계획에 대한 설명은 3월에 결산하는 회사라면 3월 중에, 결산 보고는 5월의 주주총회 전에, 중간 결산 보고는 10월이나 11월 초가 좋다. 그러면 3월, 5월, 11월의 연 3회를 정기적으로 방문하는 달로 관습화한다. 이렇게 하면 은행으로부터 평가가 높아지고, 갑자기 어려울 때 큰 힘이 된다. 신용은 오랜 시간을 거쳐 조금씩 쌓아나가는 것이다. 신용을 잃는 것은 간단하나 쌓으려면 상당한 노력과 시간이 필요하다.

또한, 은행에서 파견된 인사로 연대를 강화하는 방법도 있다. 금융 업계도 주지하듯이 업계 재편성의 움직임이 있을 정도로 경쟁이 격화되고 있다. 필자의 친구 중에도 금융기관에 근무하고 있는 사람이 많이 있으나 최근 여기저기의 지점에 파견되고 있다. 또한, 정년이 될 때까지 은행에서 근무하지는 않을 것이라는 게 금융기관에 근무하고 있는 친구들의 일치된 의견이기도 하다.

타 지점에 파견되면 전임 지점보다는 모든 점에서 다르기 때문에 잘 적응하는 사람과 적응하지 못하는 사람이 있다. 우리는 흔히 은행 출신이면 경리는 물론이고 세무도 잘 알 것으로 생각하기 쉽지만, 반드시 그렇지만은 않다. 은행 출신 중에는 결산을 할 줄 모르는 사람도 많다. 은행 업무는 복잡하기 때문에 결산 업무를 전혀 경험하지 못한 직원도 다수 있다.

ⅢⅢ 은행을 정보 수집원으로서 활용하라

은행은 여신(与信) 조사에 대해서 상당한 정보망을 갖고 있기 때문에 이를 잘 활용해야 할 것이다. 단, 은행은 비밀을 준수할 의무가 있기 때문에 어떤 회사가 위험하니 거래하지 않는 것이 좋다고는 결코 이야기하지 않는다. 따라서 그리 좋다고는 이야기할 수 없다고 말할 때가 사실은 제일 위험한 상태라고 판단을 해도 좋을 것이다.

여신 조사 이외에도 여러 가지 업계의 일반적인 동향에 대해서는 대개 은행의 조사부에서 상세히 조사를 하고 있기 때문에 활용하면 좋다. 또 고객을 소개받을 수 있다. 주거래 은행과 거래가 있는 어떤 회사와 거래하고 한 번 소개해달라고 부탁하면 안 된다고는 이야기하지 않는다. 만일 거절당하면 당신의 회사는 매우 낮게 평가되고 있다고 해도 좋을 것이다. 주거래 은행으로부터 거절당했다는 것은 무슨 문제점이 있기 때문이므로 조속히 해결하지 않으면 고객을 소개받을 수 없다.

은행과의 관계를 원활하게 하기 위해서는 여러 면에서 교류하려는 노력이 필요하다. 때로는 일을 떠나 골프를 함께 친다든지 식사를 하면서 간담을 하며 담당자와 교제를 가질 필요가 있다. 여신 한도, 각 업계 동향, 고객의 소개, 이 세 가지 점에서 은행을 잘 활용하면 좋다. 일반적인 거래를 넘어선 여러 가지 제휴로부터 상호 신뢰가 강해지는 것이다. 주거래 은행의 절대적인 신뢰를 얻어 전면적인 지지를 받게 되면 회사의 번영에 큰 힘이 된다.

ⅢⅢ 자금 조달 방법을 연구하라

회사가 필요로 하는 자금에는 운전 자금과 설비 자금이 있다. 운전 자금은 회사를 운영하기 위해 일상적으로 필요한 경비, 인건비, 원자재의 구입과 상품 구입 등에 필요한 자금이다. 이것은 받을어음을 할인하거나 현금으로 회수한 판매 대금으로 충당한다. 그러나 상여금을 지급할 달과 같이 특정한 자금이 일시적 요한 때에는 은행으로부터 대출받는다. 이러한 자금은 대개 1년 이내에 반제되므로 단기 차입금으로서 대차대조표에 계상(計上)된다.

기계를 구입하거나 공장을 건설할 때는 설비 자금, 즉 장기적인 자금이 필요하기 때문에 1년 이내에 반제해야 하는 단기 차입금으로 처리하게 되면 경영이 불안정해진다. 그러므로 수년간에 거쳐 반제하는 장기 차입금을 이용한다. 설비 자금을 운전 자금에서 변통하는 회사도 있으나 웬만큼 여유가 있는 회사가 아니거나 장기 자금이 조달되지 않는 회사일 것이다. 후자의 경우에는 경영이 불안정해지기 쉽고, 위험한 회사로 불리게 될 것이다.

내부 자금의 조달을 잘 운영하라. 내부 자금이란 내부 유보 자금과 감가상각비, 예비비를 말한다. 특히 내부 유보 자금과 감가상각비는 설비 투자의 자금원이다. 회사에 따라서는 설비 투자를 감가상각의 범위 내로 한정시키는 곳도 있다.

내부 유보 자금은 이익의 절대 금액을 올리지 않으면 커지지 않는다. 이익의 내용을 살펴보면, ① 배당금, ② 임원 상여금, ③ 내부 유보금, ④ 기업의 노력에 의한 이익, ⑤ 경제 사정의 변동에 의한 이익, ⑥ 우발적인 손실에 대한 준비금(지진, 화재 등), ⑦ 사(私)경제적인 위험에 대한 준비금(스트라이크, 회수 불능) 등 일곱 가지를 생각할 수 있다. 기업이 노력하여 이익 창출을 확대하지 않으면 안 된다. 이익으로부터 충분히 설비 투자가 가능하다면 고수익 기업이라고 해도 좋을 것이다.

예비비는 특별히 과목을 정해서 계산된 것이므로 그 계정 과목에 사용되는 것이 타당하다. 그러므로 설비 투자 자금이라고 하지는 않는다. 많은 자금이 회사 내부에 머물도록 하여 회사의 체질을 강화시키는 것이 중요하다. 내부에 유보되는 자금이 많아지면 투자 자금에도 여유가 생긴다. 이른바 자기 자본 비율이 높아지는 것이다. 최근 자기 자본 비율은 상당히 개선되고 있으나 중소기업에서는 아직도 불충분한 회사가 많다.

▥ 외부 자금의 조달 방법을 터득하라

외부로부터 조달되는 자금은 증자, 사채, 차입금, 어음 할인 등에 의해 조달되는 것이 대부분이다.

증자는 출자금을 늘리는 것을 말하나 기존 주주로의 할당, 제3자 할당 등 증자의 방법에 따라 주식의 지분 구성이 변동되는 경우가 있다. 중소기업의 경우 대부분 오너(owner)가 경영하기 때문에 대다수의 사람에게 미치는 영향을 고려하여 증자 방법을 생각해야 할 것이다. 증자에 의한 자금 조달은 중소기업에서는 그다지 활용되고 있지 않다. 상장 기업인 경우 주식의 시가발행(時価発行)에 의한 자본이 이득을 볼 수 있기 때문에 자금 코스트가 매우 낮아 자금 조달의 유력한 수단이 되기도 한다.

사채 발행도 요즈음에는 활발히 활용되어 중소기업에서도 우량기업이면 사채를 발행한다. 또 보증채 등을 활용하는 기업도 있어 중소기업에서 그러나 창업한 지 얼마 안 되는 작은 기어인 경우 사채 발행으로는 자금을 조달하기 어렵고 그럴만한 지식도 없다. 그렇기 때문에 사채에 의한 자금 조달은 상당히 성적이 우수한 기업 이외에는 하기 어렵다. 일반적으로는 금융기관으로부터 단기, 장기의 차입금으로 자금을 조달하고 있는 것이 중소기업의 실정이다. 설비 투자와 같이 장기간 필요한 자금은 장기 차입금으로 조달하고 우전 자금과 같이 단기간에 회전하는 자금은 단기 차입금이나 어음 할인으로 조달하는 것이 극히 일반적인 방법이다. 그렇기 때문에 주거래 은행을 정해 놓고 그 은행과 양호한 관계를 갖는 것이 무엇보다도 중요한 포인트이다.

필요 자금량의 계산을 잘하라. 운전 자금이 어느 정도 필요한가는 다음의 항목을 알면 곧바로 나온다.

---

① 한 달 평균 매상

② 한 달 평균 구매액, 또는 영업 총이익

③ 매출 내역

(현금 판매와 외상 판매 대금의 비율, 외상 판매 대금의 평균 체류 기간, 외상 판매 대금의 결제 조건, 즉 현금과 어음의 비율, 받을어음의 평균 지불 기간)

④ 구매 조건

(현금 구매와 외상 구매의 비율, 외상 구매 대금의 평균 체류 기간, 외상 구매 대금의 결제 조건, 즉 현금과 어음의 비율, 지급어음의 평균 지불 기간)

외상 판매 대금과 외상 매입 대금의 평균 지불 기간은 최장 일수와 최단 일수의 평균으로 계산한다. 예를 들면, 20일에 팔고 다음 달 5일이 지불일이라면 20일에 판매한 대금은 15일간의 판매 기간(최단)을 가는 것이고, 전월 21일에 판매한 대금은 외상 판 45일간(최장)이 되기 때문에 평균 30일 정도가 된다. 외상 구매 대금도 마찬가지로 계산한다. 생산 중인 제품은 재료가 가공되어 제품이 되는 도중이기 때문에 재료비와 제품 원가의 평균으로 계산한다.

이처럼 우선 자사의 필요 운전 자금을 파악할 필요가 있다. 그리고 부족한 자금을 어디에서 조달할 것인가를 생각하고 빨리 손을 쓰지 않으면 안 된다.

▥ 도산과 직결되는 과도한 어음 발행을 조심하라

어음으로 운영자금을 이용하면 도산의 위험성이 매우 높아진다. 실제 상거래 없이 일시적인 자금의 융통을 꾀하기 위해 발행된 어음을 발행하면 안 된다. 예를 들면 A사는 B사로부터 받은 어음을, B사는 A사의 어음을 각각의 은행에서 할인하여 현금화한다. 이와 같은 어음을 융통어음이라고 한다. 상거래의 보증이 없는 어음이기 때문에 언젠가는 반드시 문제가 발생할 가능성이 크다. 그때그때를 모면하기 위해 사용하는 자금 변통이기 때문에 융통어음을 메우기 위해서는 더욱 많은 어음을 발행해야 하는 악순환에 빠진다. 이렇게 되면 파산은 시간문제이다. 아무리 힘들어도 융통어음만은 발행해서는 안 된다. 한 번 발행하면 마약과 같아서 좀처럼 벗어날 수가 없다. 어려울 때는 융통어음의 유혹에 빠지기 쉬우나 이것만은 절대로 피하는 것이 좋다.

필자의 직업상 적자 회사의 경영진단을 의뢰받는 경우가 있다. 그때마다 필자는 우선 그동안 발행한 어음을 보여달라고 한다. 융통어음이 발행되어 있는가 아닌가를 체크하기 위해서이다. 융통어음의 경우는 금액만 봐도 직감적으로 이것은 융통어음이 아닌가 하는 느낌을 갖게 된다. 그런 회사는 손을 쓰기에는 너무 늦은 경우가 대부분이다. 회사에서 만일 융통어음을 발행하고 있다면 지금 바로 손을 쓰지 않으면 언제 도산의 위험에 처할지 모른다.

▒ 자금 조달에 큰 차질이 생겼을 때 잘 대처하라

가장 어려울 때가 자금 조달에 큰 차질이 생겼을 때이다. 한 예를 들어 보자. 영업부에서는 올해 최소한의 매출을 10억 원 이상이 될 것으로 보았는데, 결과는 예상보다 40%나 낮아 6천만 원밖에는 안 되었다. 경리부에서는 만일을 생각하여 여유 있게 자금 계획에 임했는데도 2천만 원의 자금이 부족했다. 경리로서는 자금이 부족하다고 해서 손을 들 수는 없기 때문에 모든 수단을 동원해서 자금을 조달하게 된다.

우선 현금 지불은 일시 정지하고, 은행에 달려가서 긴급 융자를 요청한다. 이때 평소의 신뢰 관계가 큰 영향을 미친다. 은행에서는 이 회사는 위험하니까 융자하지 않는 것이 좋다고 판단하거나, 아니면 전면적인 지원 태세를 보여 주는 식으로 차이가 나타난다. 또 사장은 이때를 대비해 개인 자금을 유보하든가, 담보로 제공할 수 없는 자산을 보유하고 있거나 자금을 동원할 수 있는가가 문제가 된다. 은행에서 조달이 어려울 때는 사장의 친구, 친척 등 아는 사람을 통해서 자금을 조달해야 한다.

그러나 이런 상황에서도 어음만은 결제해야 한다. 현금 지불은 사정을 이야기하여 일시 연기시킬 수 있으나 어음만은 지연시킬 수가 없다. 물론 지불처에 이야기하여 지불 기간을 연장한 어음과 바꿀 수도 있으나 상대가 미리 할인해 버리면 이것도 어려워진다. 자금 부족이 표면화되면 회사 전체가 자금 조달에 나서야 하며, 이런 일이 없도록 평소에 만전을 기해야 한다.

▓ 언제나 자금 계획에 주의한다

창업 시에는 언제나 돈이 필요하다. 또 신용이 그리 없기 때문에 상품을 구입할 때 지불 조건은 당연히 엄격하다. 현금 결제를 요구하는 구매처도 있다. 매출이 생각하듯이 오르지 않고 예정된 자금이 부족한 경우가 계속 일어나는 것이다. 아이들 저금까지 전부 쏟아 넣어 겨우 위기를 모면했다는 체험담을 자주 들었다. 회사는 자금이 융통되지 않으면 바로 도산하게 된다.

현재의 상거래는 어음을 중심으로 한 신용 거래이기 때문에 어음을 결제하지 못하고 부도를 내면 사회적 신용이 실추하여 은행 거래가 정지된다. 그렇기 때문에 가장 신경을 써서 주의하지 않으면 안 되는 것이 자금 계획이다. 들어오는 돈과 나가는 돈의 균형을 생각하여 나가는 돈이 많을 때는 부족분을 어떻게 조달할 것인가 생각하여 빨리 손을 쓸 수 있어야 한다. 은행과 사전에 충분한 커뮤니케이션을 할 필요가 있다. 임시변통적인 자금 계획은 줄타기와 같은 모험이기 때문에 적어도 3개월 전까지는 자금 조달을 계획하는 것이 좋을 것이다. 힘들어지면 고리대금업자에게 가는 사람이 있는데, 이것이 결국 목숨을 앗아가는 경우가 많다. 그렇기 때문에 자금 조달은 치밀한 사업 계획하에 추진하는 것이 중요하다. 회사가 적자라 하더라도 자금이 계속 조달되는 동안은 도산하지 않는다. 지금은 적자지만 반드시 흑자가 된다는 보장만 있다면 자금 조달은 가능할 것이다.

강남 할배 왈

동기 유발을 시켜라. 사원은 사장의 일거수일투족을 지켜보고 있다. 사원의 인품을 문제 삼지 말라. 사장의 인품이야말로 문제시해야 한다. 사장은 필요한 데에 돈을 쓸 줄 알아야 한다. 투자하지 않고 성과를 거둘 수는 없다. 작은 회사의 사장은 돈을 사용하는 방법이 소심하여 돈을 쓰는 데에도 미숙하다. 필요한 때에 돈을 적절하게 사용하려면 그 나름대로 수련을 쌓아야 한다. 자기 계발에도, 투자에도 계기가 필요하다.

09

ADVANCEMENT AND PROMOTION

⁍ 사장은 재벌처럼 살아라

작은 기업의 사장이든, 큰 기업의 사장이든 사장은 똑같은 것이다. 혹자는 대기업의 사장과 중소기업의 사장은 다르다고 한다. 하지만 필자의 생각은 다르다. 큰 기업이든, 작은 기업이든 직원을 거느리는 숫자와 매출의 차이가 있을 뿐 크게 다른 것이 없다고 본다. 부자든, 가난하든 한 가정의 가장은 똑같은 것이다. 회사도 크든, 작든 사장은 똑같은 것이다. 대국의 대통령이든, 작은 나라의 대통령이든 같은 대통령인 것처럼 그 조직을 맡은 수장이라는 역할은 똑같은 것이다. 그 조직이 아무리 적어도 그의 영향력은 조직 내에서 누구보다 크다.

사장은 아무리 작은 회사를 운영해도 사장으로서 권위가 있으며, 기죽을 필요가 없다. 사업에 성공하면 언제든지 대기업의 총수가 된다. 그러므로 기죽을 필요는 전혀 없다. 아무리 작은 회사를 운영하여도 큰소리치고 살아야 한다. 이런 맛도 없으면 무엇 때문에 사장을 할 것인가? 누구의 간섭도 받지 않고 자신의 소신을 펼치는 것이 사장이다. 비록 회사를 위해서 대외적으로는 구애를 받을지 모르지만, 자신의 회사에서는 왕 노릇을 해야 할 것이 아닌가? 그것이 사장을 하는 맛이다. 남이 뭐라고 하든 사장은 사장다워야 한다. 돈을 많이 벌고 적게 버는 것은 상관이 없다. 직원들 임금 안 밀리고 회사가 적자만 나지 않는다면 큰소리치며 살 수 있지 않겠는가? 규모가 큰 회사는 오히려 속 빈 강정일 수도 있는 것이다. 작아도 알차면 큰 회사보다 낫다.

회사는 실속이 중요한 것이다. 작은 회사에서도 매출이 뛰어나고 재정이 튼튼하다면 굳이 규모를 크게 키울 필요가 없다. 오히려 지출만 커질 뿐이다. 그러니 작은 회사를 잘 이끌어 간다면 그는 재벌 사장처럼 살아도 지탄을 받을 이유가 없다. 얼마든지 재벌과 같은 삶을 누릴 특권이 있는 것이다. 작은 기업의 많은 사장이 회사의 규모가 작다고 큰 기업에 기가 죽는 경우가 있는데 전혀 그럴 필요가 없다. 규모만 클 뿐 속 빈 강정 같은 대기업은 많다. 그런 기업의 사장보다는 작지만 알찬 기업의 사장이 경제적인 삶을 윤택하게 살 권리가 있는 것이다. 사장은 숫자로 말하는 것이 아니고 내실로 말하는 것이다. 내실이 튼튼한 회사의 사장이라면 재벌 총수처럼 사는 것이 당연한 것이다.

ⅢⅢ 사장은 신용을 쌓아야 한다

회사 경영은 사회적인 신용을 쌓는 것이 가장 중요하다. 고객으로부터의 신뢰, 금융기관으로부터의 신뢰, 구매처로부터의 신뢰, 주주로부터의 신뢰, 기타 이해관계자들로부터의 신뢰, 이 모두가 사회적인 신용이다. 상장된 대기업은 별도로 하고 중소기업일 경우 사장을 곧 회사로 보는 것이 현실이다. 그렇기 때문에 사장 개인의 사회적인 개인의 사회적인 신용이 회사의 사회적인 신용이기도 하다.

개인 신용의 기초는 성실하고 견실하다는 평가를 얻는 것이다. 저 사람은 안 좋다는 평가를 받아서는 결코 신용으로 연결되지 않는다. 그렇다고 해서 장사를 전혀 못 해서도 안 되고, 성실하고 견실하면서도 장사꾼이라는 평가를 받는 것이 좋다. 비즈니스는 어디까지나 영리 추구가 목적이기 때문에 적정한 이윤을 확보하지 않으면 높은 신용을 얻을 수가 없다.

또한, 사장은 약속을 지켜야 한다. 약속을 지키는 것, 이것이 사장의 신용과 품위를 지키는 출발점이다. 어떤 비즈니스라도 모든 것이 약속 위에 성립되기 때문에 저 사람은 약속을 지키지 않는다고 생각되면 신용을 잃게 된다. 약속 엄수가 비즈니스의 출발점이라는 것쯤은 누구나 다 알고 있지만, 실제로는 예측하지 못한 사태가 발생하거나 하여 약속을 지킨다는 것이 무척 어려워지기도 한다. 그렇기 때문에 지킬 수 없는 약속은 하지 말고, 만일 약속을 지킬 수 없으면 약속을 지키려는 노력을 필사적으로 하여 그 사후조치를 잘하는 것이 중요하다. 아무리 생각해도 지킬 수 없을 것 같은데 그때의 상황에서는 약속하지 않을 수 없는 일이 있을지도 모른다. 그러나 이러한 약속은 결국 처리하기 어렵기 때문에 절대로 하지 않는 것 이외에는 대책이 없다. 지킬 수 없는 약속은 절대로 하지 말아야 한다.

문제는 어렵다고 생각되지만 될지도 모른다고 하는 애매한 부분이 있는 약속, 또는 상대방의 기세에 눌려 지킬 수 없을지도 모르는 약속을 해버려 나중에는 결국 약속을 지키지 못하는 경우이다. 이러한 경우에는 약속을 하기 전에 상황 설명을 충분히 하고 조건부 약속을 해야 한다. 이른바 도망갈 길을 만든 후에 하는 약속이다. 그러나 상대가 비록 조건부라 하더라도 한 번 한 약속은 당연히 지켜야 한다고 100% 가까이 기대하고 있기 때문에 지키지 않았을 때 사후처리를 잘하지 않으면 그 사장은 약속을 지키지 않는다는 평가를 받는다.

약속을 지키지 못했을 때는 어떤 말을 해도 핑계가 되기 때문에 깨끗이 사과하는 것이 좋다. 사실 이러한 태도가 가장 중요하다. 상대는 약속을 지키지 않은 변명 따위는 듣고 싶지도 않다는 생각으로 가득 차 있을 것이기 때문이다.

▒ 고객과 커뮤니케이션을 구축하라

이제 더 이상 일방통행의 커뮤니케이션(communication) 시대는 통하지 않는다. 투 웨이 커뮤니케이션(two way communication) 시대이다. 투 웨이 커뮤니케이션이란 인터넷 등 새로운 매체를 통해 고객의 욕구, 반응, 기분, 잠재의식 등과 같은 것을 적극적으로 흡수하여 이를 판매 활동에 활용하는 것이다. 즉, 고객과 대화함으로써 고객의 욕구를 찾고 판매 효율을 높이는 것이다.

이러한 투 웨이 커뮤니케이션 시스템을 잘 활용하는 기업이 매출을 크게 늘릴 수 있다. 예를 들면, 사무실에는 매일 수많은 우편물이나 광고 전단이 들어온다. 그러나 대부분의 사람들은 흘낏 보고는 쓰레기통에 던져 버린다. 모처럼 비싼 돈을 들여 우편물을 발송하거나 광고 전단을 배포해도 고객으로부터의 직접적인 반응은 거의 들어오지 않는다. 게다가 고객으로부터의 반응 데이터를 직접 수집할 노력도 하지 않거나 못하는 경우가 대부분이다. 이 경우는 투 웨이 커뮤니케이션을 활용하지 못한 예이다.

매출을 늘리는 기본 원칙은 고객의 생생한 소리를 듣고 이를 판매 활동에 반영하는 것이다. 현대 사회는 제품이 넘쳐흘러 이제는 아무 것도 필요 없다는 리스(less)의 시대이다. 따라서 고객의 사고 싶다는 욕망을 불러일으키기 위해서는 강한 펀치가 필요하다. 지금까지 없던 기능이나, 디자인, 풍부한 기분, 부자라는 느낌, 신분을 나타내는 상징 등 개인이 추구하는 욕구는 다양하다. 회사의 고객이 누구인지 완전히 파악하여 고객의 이러한 잠재 욕구를 파고들면 매출은 반드시 신장될 것이다. 이를 위해 필요한 것이 고객과의 커뮤니케이션 시스템이며, 아직 확립되어 있지 않다면 서둘러 구축해야 할 것이다.

⁞⁞⁞ 충실한 애프터서비스를 해야 한다

애프터서비스가 충실한 것도 대기업과 같은 신용을 쌓는 중요한 포인트의 하나이다. 애프터서비스에 필요한 모든 경비는 물건을 판 직후부터 발생하는 비용이기 때문에 영업 총이익이 그만큼 적어진다. 게다가 금액을 예측할 수 없기 때문에 잘못하면 적자가 될지도 모른다. 이 점이 가장 걱정될 것이다. 그러나 결국 좋은 애프터서비스로 인해 매출이 늘어나는 것이기 때문에 진지하게 생각하지 않으면 안 된다. 고객은 가격이 같거나 다소 비싼 정도라면 애프터서비스가 좋은 가게에서 사고 싶어 한다.

클레임(claim)은 신속하게 처리하도록 한다. 클레임을 잘 처리하느냐 못하느냐가 대기업으로 가느냐 못 가느냐의 기업 신용에 크게 관계된다. 클레임이 발생했을 때는 어쨌든 빨리 해결하는 것이 제일이다. 상대는 화가 끝까지 나 있기 때문에 책임자가 직접 가서 상대의 말을 충분히 듣는 것이 좋다. 클레임이 감정적인 문제로 비화되면 수습이 매우 어려워진다. 책임자가 인사하러 오지도 않는다든가 성의를 전혀 보이지 않는다든가, 언제까지 기다려도 이야기가 진전이 안 된다든가 하면 감정적인 문제로 나아가는 경우가 많다. 책임자가 곧바로 현장에 가서 당사자로부터 직접 이야기를 듣는 태도가 필요하다. 오래 끌수록 해결에 시간과 노력과 돈이 든다. 그 당시에는 손해를 보더라도 긴 안목으로 보면 상대로부터 신용을 얻어 이득을 보는 경우가 얼마든지 있다. 따라서 클레임 처리를 계기로 오히려 신용을 높이는 결과로 만드는 것이 좋다. 초기 수사가 중요하듯이 클레임 처리도 최초의 조치가 포인트이다. 우물쭈물하면 상대의 분노는 더욱 커질 뿐이다. 화도 진정시키고, 이 사람이라면 잘 처리해 줄 것이라는 신뢰감을 주기 위해서라도 '모든 것이 옳습니다(all yes).'라는 자세로 경청하면서 사실을 인식해 나가도록 한다. 이 사실 인식이야말로 대응책을 쉽게 마련할 수 있는 길이다. 우선은 상대의 말을 '모든 게 옳습니다.'의 태도로 듣고 사실을 확인한 다음 이쪽의 태도를 결정한다. 자신의 주장만을 내세우는 것은 진정한 강자의 모습이 아니다. 그것은 초라한 절규인 것이다. 재벌처럼 여유롭고 겸손한 모습을 보여야 한다.

강남 할배 왈

리더가 되고 싶은가? 스스로에게 상을 줘라. 사장의 업무 능력을 평가할 수 있는 사람은 사장 자신밖에 없다. 회사에서 가장 열심히 일하는 사람은 바로 사장 자신이다. 슬프게도 사장의 일은 사장의 눈에만 보이는 법이다. 사원이 언제나 사장의 기분을 알아주지는 않는다. 그것이 현실이다.

10

ABOUT READERSHIP

ⅢⅢ 사장은 절대 은퇴하지 않는다

세상에는 많은 직업이 있다. 그중에서도 가장 좋은 직업은 그래도 사장이다. 옛말에 썩어도 준치라는 말이 있지 않은가? 또한, 용의 꼬리가 되느니 차라리 뱀의 머리가 되는 것이 낫다고 하지 않던가. 사장은 그래서 좋은 것이다.

사장은 경영에만 실패하지 않으면 얼마든지 영원히 할 수 있는 직업이다. 누가 그를 나가라고 하겠는가? 늙었다고 나가라는 사람은 없다. 자신이 싫으면 그만두는 것이지, 정년은 없는 것이다. 또한, 사장은 망해도 다시 창업을 하면 사장이 된다. 사업에 한 번 실패하였다고 사장 자리를 박탈당하는 것은 아니다. 그래서 누구나 사장을 희망한다. 조금은 힘들고 외로워도 사장은 좋은 직업이다. 제대로 만든 회사의 사장은 영원한 직업을 얻는 것이기 때문이다. 사장은 궁여지책으로 하는 직업이 아니다. 신념을 가지고 하는 것이다. 그러므로 실패를 두려워할 필요는 없다.

사장은 영웅이며, 인생의 개척자이다. 남이 가기 싫어하는 길을 자처해서 가는 것이다. 평탄한 길을 포기하고 자신의 영역을 넓히는 것이 사장의 길이다. 그러한 사장에게 은퇴란 있을 수 없다. 앞만 보고 가는 것이 사장이다. 겁쟁이나 소심한 자는 결코 사장이 될 수 없다. 사장은 자신의 운명을 확실히 책임지는 사람이기 때문에 남에게 자신의 운명을 의지하거나 맡기지 않는다. 그리고 그 결과를 겸허히 받아들이는 것이 사장이다.

　한 번 사장은 영원한 사장이다. 우리는 사업에 실패하면 쉽게 재취직을 하는 사장들을 흔히 본다. 그런 사람은 애당초 사장이 아니다. 그런 사람은 사장 흉내를 내본 사람에 불과하다. 한 번 사업을 하여 사장이 되었으면 포기하지 말고 끝까지 사장을 하라. 그러면 언젠가는 제대로 된 사장이 된다. 과거의 실패를 경험 삼아 다시 도전하는 것이 사장이다. 어느 직업이든 장단점이 있는 것이다. 직장 생활을 한다고 직업이 보장되는 것은 아니다. 은행도 망하고 대기업도 망하는 세상에 안정된 직장이 어디 있는가? 그러나 일단 사장이 되었으면 은퇴란 있을 수 없다. 안 되면 될 때까지 하는 것이 사장이다. 자신의 과오를 거울삼아 다시 매진하는 것이 사장이다. 오히려 그러나 한두 번의 시행착오는 경험으로 앞으로 더 발전할 수 있는 기회인 것이다.

　끝까지 도전하는 자세를 잃지 않는 자세가 진정한 사장의 자세이며 그러한 자세를 지킬 때, 영원한 직장을 구하게 된다. 사장은 그렇게 쉽게 은퇴하는 것이 아니다. 죽기 전까지나 자신의 노동력이 상실될 때까지는 은퇴하는 것이 아니다.

▥ 사원을 잘 활용하는 사장은 망하지 않는다

사람을 잘 활용하는 사람과 그렇지 못한 사람 간에는 업적에 있어 큰 차이가 난다. 혼자서 하는 일이라면 자기가 좋을 대로 해도 괜찮지만 한 사람이라도 고용해서 일하게 되면 상대방도 생각하면서 의사결정을 하거나 행동하지 않으면 안 된다. 호흡이 잘 맞지 않으면 서로 간에 불평불만을 갖게 되어 일이 원만히 진행되지 않기 때문이다.

마찬가지로 사원이 수 명에서 수십 명, 수백 명으로 많아지게 되면 조직을 정비하고 항상 경영자의 생각이나 방침을 철저히 따르게 하는 노력이 필요하게 된다. 여기서 사람을 잘 활용하는 기업은 크게 성장한다. 한 사람 한 사람이 최선을 다하게 되면 몇 명이 갖는 힘 이상의 조직력이 생기게 된다. 이것이 상승효과라는 것이다. 우수한 사원이 많아 이들의 능력을 충분히 살릴 수 있다면 그 기업은 저절로 성장 발전한다.

예로부터 기업은 곧 사람이라고 했다. 그러나 가만히 앉아만 있다면 좋은 사원은 모이지 않는다. 적극적으로 나서서 자질이 좋은 인재를 모아야 한다. 채용, 조직화, 육성이나 훈련, 동기부여, 경영자에 대한 신뢰감 조성 등 사람에 대해 해결해야 할 일은 산적해 있다. 한정된 지면에 모든 것을 기술할 수는 없으나, 가능한 한 포인트를 압축하여 정리해 보았다. 여기서 기술한 것은 꼭 실행해 주기 바란다. 우수한 사원을 육성하면 반드시 회사는 발전한다. 인재의 육성에 정열을 쏟고 있는 경영자도 많지만, 입으로는 인재육성을 외치면서 실제로 하고 있는 것을 보면 한심한 경우가 많다. 사람을 키우는 것이야말로 사장의 가장 큰 업무이며, 의무이다.

ⅢⅢ 유능한 인재의 채용과 조기 전력화를 시행하라

중소기업의 경우 좀처럼 우수한 인재를 채용할 수가 없다. 신입사원은 가능하면 큰 나무의 그늘을 선호하는 경향이 있어 안정된 대기업, 관청, 공기업 등에 취직을 희망하는 사람들이 많기 때문이다. 급성장하고 있는 T사에서는 대졸 사원을 채용하기 위한 캠페인에 5천만 원의 비용을 썼으나 채용된 신입사원은 예정된 인원의 3분의 1인 9명뿐이었다. 업종에 따라 다르긴 하지만 중소기업에서는 이렇듯 신입사원 채용이 매우 어려운 것이 현실이다. 모처럼 입사한 신입사원이 1년 후에는 모두 그만두었다는 경우도 심심찮게 들리곤 한다. 채용을 담당하는 사람들의 말로는 요즘 젊은이는 끈기가 없고 참을성이 없기 때문이라고 한다.

그러나 대부분의 경우 채용을 했지만, 수용 체제가 충분하지 않아 신입사원에게 장래에 대한 불안과 실망감을 주었기 때문인 경우가 더 많다. 풍요로운 시대에 과보호로 키워진 젊은이에게 처음 접해 보는 사회는 당황스러운 것뿐이다. 그렇기 때문에 신입사원들을 어떻게 하면 하루라도 빨리 회사에 익숙해지도록 만들지가 중요 포인트다. 그러므로 신입사원을 채용할 때에는 처음부터 채용 계획을 잘 세운 다음 추진하여야 한다.

작은 회사의 경우 사원을 친구, 아는 사람, 친척 등의 도움으로 모집하는 경우가 많고, 이런 경우에는 중도에 채용하는 것이 대부분이다. 하지만 필요할 때에 회사에 와줄지는 미지수이다. 여기저기 부탁해 놓고 잊을 만하면 이야기가 나오기도 한다. 그렇기 때문에 채용도 계획적이지 못하고 임시방편적이다. 그러나 사업이 궤도에 오르게 되면 사람의 채용도 계획적으로 생각해야 한다. "우리같이 작은 회사는 학교에 부탁을 해도 아무도 오지 않습니다."라고 말하는 회사도 있다. 이러한 회사는 사람을 모집하기 위한 노력을 거의 하지 않는다. 아니 오히려 처음부터 포기하고 아무것도 안 한다고 하는 편이 옳을 것이다. 유능한 사람을 채용할 수 없는 것이 오히려 당연하다. 아무런 노력도 하지 않기 때문이다.

누구나 다 그렇지만 저 회사에 가서 일해 볼까 하고 생각하는 이유는 회사의 장래성, 급여 수준, 경영자의 인간성, 적성 등이 자신에게 맞기 때문이다. 그 밖에 의외로 중요한 것은 장소와 건물의 미관이다. 통근하기에 편하고 도심지에 있는 것을 선호하는데, 이것을 간단히 바꿀 수는 없다. 그나마 건물이나 직장 환경에 좀 더 미적인 배려를 할 수 있다. 페인트를 칠하기만 해도 깨끗해지고, 직장 환경에 익숙해 지면 더러움도 느끼지 않게 된다. 어쨌든 경영자가 선두에 서서 학교를 방문하고, 근무 환경을 정비하려는 열의가 중요하다. 사람은 열의에 움직이는 경우가 많기 때문이다.

▥ 인재를 위해 학교와의 접촉을 시도하라

중소기업의 사장 중에는 자신이 스스로 대학에 사람을 구하러 다니는 것에 대해 주눅이 들어 있거나 주저하는 경우가 많은 것 같다. 대학에 특별히 갈 일이 없고, 가 본 적도 없는 사람이 많아서인가. 하지만 대학에서 신입사원을 채용하려고 하면 안면이 있는 교수에게 부탁하는 편이 편리하다. 극단적인 경우 교수와의 연줄로 신입사원을 채용하는 경우도 있다. 특히 인기가 좋은 전자공학과나 생명공학과 같은 첨단 분야의 신입사원은 연줄이 없으면 우선 채용이 불가능하다.

20명 정도의 사원이 전자기기의 부품을 제조하고 있는 S전기의 S사장도 어떻게 해서든지 전자공학과 출신의 사원을 채용해서 지금과 같은 하청업체 일보다 한 단계 기술 수준이 높은 일을 하는 것이 염원이었다. 그래서 S사장은 지방 대학에 3년간이나 뻔질나게 드나들었다. 전자공학과의 T교수 연구실이 S사장의 회사 업무와 딱 맞아떨어졌기 때문이다. 마침내 교수도 열성적인 S사장에게 호의를 갖게 되었다. 3년째 되던 해 A라는 학생이 T교수에게 취직 상담을 하러 와서는 자신은 대기업보다는 작더라도 앞으로 성장할 수 있는 중소기업에서 열심히 일하고 싶다면서 선생님이 알고 있는 회사를 소개시켜 달라고 하였다. T교수는 바로 S사장을 소개하며 A는 몇 번이나 회사를 방문한 후 S전기에 입사할 결심을 하였다. 이 경우에서 보듯이 사장이 스스로 대학에 연줄을 만들어 열의를 갖고 인재를 채용하려고 노력해야 한다. A의 입사는 T교수가 주저하지 않고 S전기를 추천해 주었기 때문에 이루어진 것이다.

또한, 취업 내정자를 그만두지 않게 해야 한다. 최근에 학생들은 중소기업에서 일단 근무하기로 해놓고 대기업이나 공무원 입사를 준비하는 이른바 양다리 걸치기 작전이 늘어나고 있다. 그렇기 때문에 취업이 내정되었다고 해서 정말 회사에 올 것인지는 불안할 수밖에 없다. 회사 측도 이를 예상하여 내정자를 더 뽑거나 대기업 시험 당일에 내정자를 소집하여 타사에 가지 못하게 하는 경우도 있다. 그래도 내정자 전원을 확보한다는 것은 어려운 일이다. 옛날에는 내정 통지를 받고 승낙서를 제출하면 타사에는 가지 않는 규범이 있었으나 요즈음에는 그런 낭만도 없어진 지 오래다. 그만큼 각사는 내정자를 어떻게 하면 타 회사에 가지 못하게 하여 무사히 입사식을 맞이할 것인가에 고심하고 있다. 절대적인 것은 아니지만, 중소기업에서 많이 쓰는 방법으로는 다음과 같은 것이 있다.

내정 통지를 우송하여 입사 승낙서가 반송되면 곧바로 사장이 가정을 방문하여 양친 부모에게 인사를 한다. 그리고 회사의 현황 설명과 귀중한 자식을 맡게 되어 영광이며 앞으로 훌륭한 사회인으로 소중히 키우겠다는 요지의 이야기를 하고 향후 사정의 협조를 요청한다. 그리고 한 달에 한 번 정도는 사장이나 간부, 그리고 젊은 사원들이 내정자와 함께 모여 간담회를 열거나 점심이나 저녁을 같이하면서 대화의 시간을 갖는다. 또 회사의 상황을 알리는 자료(사내보, 팸플릿, 신제품 안내서 등)를 정기적으로 보내고 담당자가 가끔 전화로 대화를 갖는다. 아르바이트를 희망하는 자는 적극적으로 활용한다. 이 정도로 한다 해도 내정자를 한 사람도 놓치지 않는 것은 매우 어려운 일일 것이다.

▥ 입사 전의 교육은 어떻게 할 것인가

12월 정도가 되면 다른 회사로 갈 사람은 다른 회사로 가기 때문에 신년도에 입사 예정자는 확정되게 마련이다. 내정에서 입사하기까지의 기간은 약 6개월 정도 걸린다. 이 6개월을 활용하여 어떻게 입사 전에 교육을 시킬 것인가가 중요하다. 대기업에는 전문 담당자도 있고 시스템도 잘 되어 있지만, 중소기업은 그렇지 못하다. 담당자조차 명확하지 않은 경우가 대부분이다. 그렇기 때문에 사장이 관심을 갖고 주의를 기울이지 않으면 방치하기 십상이다. 모처럼 내정된 신입사원도 6개월간의 공백 기간을 갖게 되며, 자기가 취직한 회사의 상황에 대해서는 거의 아는 것이 없는 경우가 대부분이다. 그러므로 입사 전에 내정자에게 회사의 내부 사정에 대한 이야기를 하는 것이 좋다.

우선 다루고 있는 상품에 대해서 팸플릿이나 상품 설명서를 통해 인지시키고 소개서가 있다면 이를 병행하여 공부시킨다. 그리고 3개월에 한 번 정도 자신의 근황에 대한 리포트를 제출하게 하거나 신입사원의 마음가짐이나 업계와 관련된 책을 3~4권 정도 선정하여 읽도록 하고 감상문을 쓰게 하는 것도 좋은 방법이다. 회사에 모였을 때는 시간을 할애하여 상품이나 조직, 입사 시 마음가짐에 대한 이야기를 하도록 한다. 또 겨울 방학에는 실습을 겸한 아르바이트를 하게 한다. 이상과 같은 것을 회사 사정에 따라 몇 가지를 조합하여 실시하는 것이 좋을 것 같다.

입사 후에는 OJT로 조기 전력화를 구축하라. 정식으로 입사를 끝낸 후에는 신입사원을 얼마나 빠른 시기에 전력화하느냐가 문제다. 사장은 하루라도 빨리 능력을 발휘해 주길 바랄 것이다. 신입사원의 교육 과정은 일을 통해서 배우는 OJT(on-the-job training: 실습을 통해 그 과정에서 필요한 사항을 몸에 익히는 현장 교육)가 중심이 된다. 물론 신입사원 연수와 같이 입사 시의 집단 교육도 필요하지만 중소기업의 경우, 입사하는 신입사원의 수가 한정되어 있기 때문에 전문 교육기관이 실시하는 신입사원 연수 세미나에 보내는 것이 좋다. 자기 회사에 교육할 만한 사람이 없거나 신입사원의 수가 2~3명일 경우 그쪽이 더 나을 것이다.

문제는 그 이후이다. 직장에 배속되어 실제로 일을 배울 때부터 진짜 연수인 것이다. 일을 가르치는 사람이 문제인데, 하나하나 가르치기보다는 자기가 하는 것이 빠르고 잘 되기 때문에 대부분 자신이 다해 버린다. 가르치는 것을 잊어버리는 것이다. 이러한 상태라면 조기 전력화는 어렵다. 우선 가르친 후 시켜보고 잘 못 하는 것은 반복해서 훈련시킨다. 귀찮더라도, 잘 못 하더라도 꼭 참고 되풀이하여 지도하면 조기에 전력화할 수 있다. 결과적으로는 배우는 쪽이나 가르치는 쪽 서로가 도움이 된다. 조기 전력화에 의해 다음 단계로 전진할 수 있기 때문이다. OJT의 기본은 권한 위임, 부하 직원의 참가, 대화, 상호 신뢰, 팀워크(teamwork) 조성 등 다섯 가지이다. 이것은 신입사원뿐만 아니라 모든 사원에게도 해당하는 OJT의 기본 원칙이다.

▥ 규칙이나 기준을 명확하게 한다

작은 회사는 사장의 말이 곧 법이기 때문에 규칙은 그때그때 사장의 기분에 따라 정해지는 것이 대부분이다. 작년 휴가가 3일이어서 올해도 그럴 것으로 생각했는데 이유 없이 2일로 되는 식이다. 이런 회사의 사원은 매우 불안해하기 마련이다. 기준이 확실하지 않으면 사람은 의심을 하게 되고 불안을 느끼게 된다. 사원이 회사에 어떤 규칙이 있는지조차도 모른다면 관리 수준이 낮은 회사라고밖에 할 수 없을 것이다.

사람을 잘 활용하고 일을 효율적으로 수행하기 위해서라도 최소한 필요한 규칙이나 기준을 만든다. 이것은 별로 어려운 일이 아니다. 일을 하는 데 있어 당연히 해야 할 것을 깨끗이 정리하여 문서화하거나 규칙으로 운용하면 되는 것이다.

회사를 운영하기 위해서는 여러 가지 규칙이 필요하고, 그중에서도 사원의 근무나 처우에 대한 규정이 중요하다. 이런 것에 사원들이 많은 관심을 갖고 있기 때문이다. 중요한 것으로는 취업 규칙, 급여 규칙, 퇴직금 규칙, 경조 규칙, 출장 여비 규칙 등이 있다. 특히 젊은 사람은 휴일이나 휴가, 잔업의 유무, 승급 승진 등에 관심이 많다. 이에 대해서는 명확히 할 필요가 있고, 내용 설명도 충분해야 한다.

회사에 따라서는 지나치게 구체적으로 기술하면 요구가 많아지기 때문에 모호하게 기술해야 한다는 회사도 있다. 그러나 이렇게 하면 사원의 근로 의욕이 떨어지기 때문에 결국 손해를 보게 된다. 또 규칙은 있으나 그대로 실행되지 않아 사원의 근로 의욕을 저해하는 경우도 있다. 실제 운용과 차이가 나거나, 현재의 사회 정세로 보아 수정하지 않으면 안 되는 것 등은 사원의 근로 의욕을 환기시킬 수 있도록 수정, 보완하는 것이 좋다. 특히 유급 휴가, 급여 체계, 성과 배분 방식(상여금 지급 방법), 퇴직금과 같은 사원의 대우와 직접 관계되는 것은 동기부여에 상당한 영향을 미치므로 더욱 신경을 쓴다. 사원의 불평불만이 없는 회사는 없으나 지나칠 경우 활력이 없고 시키는 대로만 하는 수동적인 집단이 되기 쉽다.

⁞⁞⁞ 보고는 철저하게 하라

보고를 철저하게 하는 규칙을 만드는 것이 매우 중요하다. 사람이 많으면 많을수록 이 점을 철저히 주지시켜야 한다. 비즈니스는 모든 것이 정보에 의해 움직이기 때문에 얼마나 빨리 정확한 정보를 파악하는가에 의해 승부가 결정된다.

"그렇게 얘기를 했는데도 아무런 연락이 없다니!" 화가 머리끝까지 난 사장이 전화에다 대고 소리를 지른다. 가까이서 듣고 있던 K씨가 잔뜩 겁을 먹고 "사장님, 그 일이라면 제가 조금 아까 들었습니다만…." 하고 모기만 한 소리로 말한다. "아니, 당신이 들었다고? 왜 빨리 보고를 안 하는 거야, 내가 아까부터 목을 길게 빼고 기다리고 있는 것 몰라!" 하고 사장한테 야단을 맞는다. 이런 일이 자주 일어나면 서로 간의 관계도 나빠지게 되고 감정적인 응어리가 생기게 된다. 보고가 규칙적으로 이루어지고 있는 회사는 인간관계도 좋은 편이다. 보고가 규칙적으로 되고 있지 않은 회사는 보고하는 규칙을 만드는 것을 서두르지 않으면 안 된다.

우선 아침마다 회의를 하여 10분, 15분이라도 좋으니 대화의 시간을 갖도록 한다. 그리고 필요한 사항은 문서화하여 게시하거나 회람을 시켜 전 사원이 알 수 있도록 한다. 반드시 보고해야 할 사항에 대해서는 항목 일람표를 작은 카드로 인쇄하여 전원이 휴대하도록 하는 것도 좋은 방법이다. 요컨대 전원이 보고를 열심히 하지 않으면 안 된다는 의식을 강하게 갖도록 하는 것이다. 성과가 있기 때문에 보고하는 것이 아니라 잘 보고하기 때문에 성과가 생기는 것이다.

또한, 직무 권한을 명확하게 한다. 조금 규모가 커지게 되면 조직화가 필요하게 된다. 지금까지는 평사원이었던 사원 중에서 리더를 선출하여 그 사람을 중심으로 팀워크가 이루어질 수 있도록 하다. 말하자면 조직화라고 할 수 있겠다. 그렇게 하면 리더에게는 권한을 어느 정도 위임하지 않으면 안 된다. 회의를 하는데 일일이 사장에게 물어서 할 수는 없는 노릇이다. 필요에 따라 리더에게 권한이 위임된다. 그런데 그 범위가 명확하지 않으면 곤란하다. 리더는 자신의 재량권으로 이 정도는 해도 되겠지 하며 처음에는 재량권 범위 내에서 하지만 익숙해짐에 따라 그 범위를 제멋대로 넓혀 나간다. 때로는 사장이 거기까지 맡기지는 않았다고 생각하는 영역까지 침투한다. 이렇게 되면 생각지도 않은 충돌이 일어나며 한 번 충돌이 일어나면 서로 안좋은 생각만 하게 된다. 그렇기 때문에 직무 권한의 범위를 대충이라도 정하는 것이 좋다. 물품 구입, 원자재 구매, 가격 인하, 여신 한도의 결정, 신규 거래처의 결정, 출장 허가, 거래처의 경조금 결정 등의 권한 범위가 결정되어 거의 그대로 운용된다면 상당한 수준이라고 할 수 있을 것이다. 작은 회사에서는 직무 권한의 범위가 명확하지 않고 사장의 재량에 따라 행해지는 경우가 많다.

▥ 신상필벌의 규칙을 지켜라

신상필벌을 내세우는 회사는 많이 있으나 신상은 해도 필벌을 꺼리는 회사가 많은 것 같다. 그러나 잘한 사원은 잘했다고 칭찬하고, 잘못한 사원에게는 그에 상응하는 책임을 물게 하여 다음 기회에는 잘하도록 격려해야 할 것이다. 이같이 뚜렷한 사풍을 만드는 것이 좋다.

필벌을 하면 벌을 받은 사원이 낙담하여 의욕을 잃게 되고 도리어 마이너스가 되지 않을까 하고 걱정하는 사장도 있다. 그러나 상은 상, 벌은 벌이라고 뚜렷이 나누어서 생각하는 사풍을 조성하면 그다지 문제는 없다.

예를 들어 교통사고를 일으켰을 때는 사고의 정도에 따라 벌을 받게 하는 규칙을 만든다. 그 대신 무사고의 경우에는 당연히 표창을 한다. 이처럼 플러스와 마이너스에 대비한 규칙을 만들면 되는 것이다. 벌을 준다기보다는 책임을 추궁한다는 것이 더 의미가 있을 것이다. 즉 신상필벌이 아닌 신상필책(信賞必責)의 규칙을 만든다. 예를 들면 클레임으로 손해를 입혔다든가 수표를 도난당했을 때 책임을 물을 수 있다.

상 주는 것은 벌 주는 것보다는 훨씬 쉽지만, 남발할 가능성도 있다. 사원이 일할 의욕을 가질 수 있는 시스템이면 충분하다. 1년에 두 번 개인과 팀별로 상장과 금일봉을 주는 회사는 많은 것 같다. 노력하면 누구나 상을 받을 수 있다는 자신감을 갖게 하는 것이 포인트이다.

▥ 제안 제도를 활용하라

현장의 제 일선에서 일하는 사람은 이런 일은 이렇게 하면 비용도 덜 들고 빨리할 수 있을 텐데 왜 개선하려고 하지 않을까 하는 의문을 갖게 된다. 이렇게 회사에서 현장의 의견을 수렴하여 업무를 개선하려는 것이 제안 제도이다. 그러나 모처럼 만들어진 제안 제도가 잘 활용되고 있지 않거나 제도는 있되 시스템으로서는 전혀 움직이지 않고 있는 경우도 많다. 현장의 의견을 경영에 반영시키는 것은 매우 중요한 일이기 때문에 이 제안 제도를 반드시 활용하는 것이 좋다. 제안 제도가 잘 운용되지 않는 가장 큰 이유는 몇 번 시행하는 과정에서 열의가 식었기 때문이다. 제안하는 사람도 결과가 없고 심사하는 쪽도 손이 많이 가기 때문에 시간이 지나면 용두사미가 되고 마는 것이다. 따라서 역시 사장이 열심히 하지 않으면 안 된다.

K사에서는 제안 제도와 병행하여 직장 간담회를 열어 직장의 문제점, 요망 사항을 매월 제출하게 했다. 그리고 이를 간부회의 의제로 상정하여 해결을 모색하는 방법을 사용했다. 제안 제도에서는 개인 차원의 제안이 많으나 직장 간담회에서는 전 사원이 검토하여 제기하기 때문에 점점 넓은 범위의 문제점을 다루게 된다. 이 두 가지를 잘 조화시켜 사원의 개선 의욕과 창의적인 욕구를 높여 나가는 것은 좋은 방법이라고 할 수 있다.

사원은 장래에 대한 비전과 꿈이 없는 직장을 떠난다. 회사의 장래성이 있느냐 없느냐가 정착에 커다란 영향을 미치는 것이다. 이 회사는 장래성이 전혀 없다고 생각한다면 누구나 빨리 다른 회사로 이직할 것이다. 그렇기 때문에 회사의 장기적 비전이 매우 중요하다. 우리 회사의 장래는 이렇다 하고 꿈이 있는 비전을 보여 주지 않으면 안 된다. 꿈이 있고 그 꿈이 실현될 수 있다고 생각된다면 사원은 모두 열심히 노력할 것이다. 사람에게 의욕을 갖게 하는 것은 장래에 대한 커다란 목표를 세워 주는 것과 같다. 이러한 의미에서도 중·장기 경영 계획을 입안할 필요가 있다. 앞으로 우리 회사는 이렇게 된다는 구체적인 계획이 있기 때문에 지금은 참자든가, 좀 더 열심히 하자는 등 일할 의욕을 불러일으킬 수 있다. 현재와 미래의 21세기를 바라보며 그때의 중심 세력이 될 젊은 사원을 중심으로 21세기의 비전을 제시하는 기업도 많다.

ⅢⅢ 중기(中期) 경영 계획을 검토하라

작은 회사라면 사장의 생각을 사원에게 직접 이야기하는 것이 필요하다. 5년 안에 이 정도의 매출 규모로 키우겠다든가, 점포는 몇 개로 만들겠다든가, 사원의 대우는 이런 식으로 할 생각이라는 것 등을 이야기할 필요가 있다. 사원들이 사장 생각을 이해하고 이에 공명하는 것이 중요하다. 그러기 위해서 때로는 사원과 함께 포장마차에서 한잔하거나 식사를 하면서 이야기하는 솔직한 교류도 필요하다. 공식적인 일을 떠난 교류에서 사원과 사장 간에 마음의 정이 생기는 것이다.

좀 더 규모가 커지면 이러한 방법으로는 사장의 몸이 성하지 않을 것이기 때문에 사장의 생각을 경영 계획으로 정리하여 사원에게 발표하는 것이 좋다. 가능하다면 향후 3년 동안 할 일을 정리하는 것이 좋다. 3개년 매출 계획, 이익 계획, 경비 예산, 인원 계획, 중점 정책, 사원의 대우 개선, 자금 계획 등에 대해서 계획을 세워 정리한다. 중기 경영 계획을 구체적으로 명시한다는 것은 무리일지도 모르나 가능하면 앞으로 개척할 예정인 신규 분야, 자회사의 설립, 특히 경영의 장기적 전망을 명확히 하면 좋다. 사원의 승진 승급, 직원 사주 제도, 복리후생 등에 대한 생각도 명확히 해 놓는 것이 좋을 것이다. 사장이 발표한 것은 반드시 실행된다는 신뢰감을 사원이 갖게 되면 업적은 크게 오를 것이다. 간단해도 좋으니 사장의 생각을 정리하여 발표해 보도록 하는 것이 좋다.

▥ 상장을 목표로 사내의 결속을 다진다

5년 전까지만 해도 회사를 그만두겠다고 불평불만을 이야기던 L군이 지금은 완전히 마음잡고 M사에 뼈를 묻을 각오로 일하고 있다. 벤처기업인 M사는 신입사원만으로 구성되어 처음에 회사는 마치 외인부대의 오합지졸과 같았다. L군은 그러한 M사의 장래에 불안을 느끼며 기회가 있으면 전직하려고 생각하고 있었다.

그러던 중 회사에서 앞으로 5년 안에 상장한다는 비전을 내놓았다. 직원 사주 제도로 각 사원에게 상당한 주식이 분배되어 있었기 때문에 상장 시에는 상당한 금액으로 오를 것이라는 이야기가 여기저기서 들려 왔다. L군은 회사가 상장을 하기까지는 그다지 시간이 걸리지 않을 것이고, 자기도 상당한 주식을 갖고 있었기 때문에 상장하기 전에 그만두면 손해라는 생각을 했다. 이렇게 생각하자 마음도 안정되었고, 연구개발 팀장으로 승진하는 영전까지 결정되었다. L군은 상장할 때까지 주식을 열심히 늘리기로 했다. 그러자 욕심이 생기고 일도 잘되었다. 상장은 성공했고, 1주당 금액도 예상 이상으로 높았다. 지금 L군이 자신의 주식을 전부 팔면 약 3억 원 정도가 된다. 갓 서른이 된 나이에는 큰 재산이라고 말하지 않을 수 없다.

M사는 상장을 한다는 비전을 내세움으로써 전직하려는 우수한 사원을 정착시키는 데 성공한 것이다. L군도 실력을 인정받아 서른의

나이에 50여 명의 프로그래머를 이끄는 팀장으로 승진했다. 이 M사의 사례에서도 알 수 있듯이 꿈이 있는 비전을 내세워 사원의 힘을 결속시키는 것이 회사를 신장시키는 노하우인 것이다.

▥ 성과 배분을 명확하게 한다

노력하여 성과를 거둔 사람에게는 그에 상응하는 배분을 해 주는 것이 필요하다. 하든 안 하든 그다지 차이가 없다면 사람들은 일할 의욕을 상실한다. 성과 배분 시스템을 검토하여 그 내용을 명시해야 할 것이다.

필자가 10여 년 전부터 자주 찾는 작은 카페가 있다. 전에 행사장 도우미를 했다는 미모의 마담과 여자 종업원 3명이 함께 운영하고 있는 곳이다. 술값이 싸서 그런지 잘되는 편이다. 이 가게는 하루 매상이 200만 원을 넘으면 손님을 사절하고 퇴근할 때 여자 종업원 모두에게 10만 원의 보너스를 준다. 이것은 전체 매출을 마담을 포함하여 4등분한 것으로 일종의 성과 배분인 것이다. 또 하루도 쉬지 않고 출근하면 월급에 30만 원을 더해 준다. 필자가 감탄한 것은 이렇게 코딱지만 한 가게에서도 동기부여 제도를 도입하고 있다는 것이다.

이처럼 성과가 있을 경우 곧바로 평가해 주는 것이 중요하다. 성과 배분의 포인트는 여기에 있는 것이 아닐까 한다. 어떤 회사는 상여금 지급 시 개인의 성과를 평가하여 우수한 사원에게는 다른 사람보다 더 많은 금액을 지불한다. K사에서는 매출이 목표를 초과한 달에는 전 사원에게 3만~5만 원의 초과급을 지급하고 있다. 좋은 결과가 나왔을 때 곧 이에 상응하는 성과를 배분할 수 있는 시스템을 만드는 것이 좋다. 예를 들면 매월 주는 상을 많이 제정하여 누구나 노력하기만 하면 받을 수 있는 시스템과 같이, 자기 회사에 맞는 성과 배분 시스템을 생각해 보자.

ꟷ 능력 위주의 인사를 기본으로 한다

대기업에서도 연공서열제(年功序列制)가 급속히 붕괴되고 있다. 앞으로는 능력을 우선으로 하여 젊더라도 임원이 될 경우가 많아질 것이다. 한국 사회에서는 아직 연공서열의 풍조가 남아있기 때문에 능력 위주의 인사를 주저하는 경향이 강하지만, 경쟁에 이기기 위해서는 능력 위주의 인사로 전환하지 않을 수가 없을 것이다.

그런데 정말로 능력이 있는 사람이 승진을 하면 좋겠지만, 사람의 평가는 처한 입장이나 사람에 따라 다르기 때문에 문제이다. 사장이 저 친구는 일을 잘하기 때문에 과장을 시켜야지 하고 평가해도 주위의 평가가 낮으면 모처럼 과장을 시켜 주어도 다른 사람이 시기하거나 충분히 협력해 주지 않는다. 이것이 인사의 어려운 점이다. 따라서 사내에 능력 위주의 인사를 철저하게 한다는 사고방식을 확립할 필요가 있다. 능력으로 선배도 추월할 수 있다면 젊은 사원들은 저절로 힘이 넘칠 것이다. 반대로 위가 막혀 있어 언제나 과장이 될 것인가 하고 생각하게 되면 활력을 잃게 된다. 젊은 사원의 활력이 넘칠 수 있는 인사 체제로 만들지 않으면 회사의 발전은 기대하기 어렵다. 능력 위주의 인사를 확립하여 라이벌과의 경쟁에서 이겨 회사의 발전을 이룩해야 할 것이다.

▥ 휴가에 대한 꿈을 줘라

요즘에는 주 5일 근무 제도가 상당히 보급되고 있으나 중소기업에서는 아직 멀었다. 중소기업에서 일하고 있는 젊은 사람들의 꿈이란 1개월간의 휴가를 해외로 여행하는 것이 아닐까? 현재는 유급 휴가조차도 거의 찾아 먹을 수 없다는 사람이 대부분이기 때문에 아득한 꿈이라고 웃어넘길지도 모른다. 그러나 지금의 젊은이들은 일할 때는 일하고 쉴 때는 쉬며 딱 부러지게 행동하기 때문에 이 같은 비전을 제시한다면 크게 환영받을 것이다. 젊은 여성들은 결혼하면 좀처럼 할 수 없기 때문에 회사를 한 달 이상 쉬며 해외여행을 하거나, 회사를 그만두고서라도 해외로 나간다. 이러한 추세라면 가까운 장래에 한국에서도 구미와 같은 장기 휴가를 가족과 함께 즐길 수 있을 것이다.

회사가 계획적으로 장기 휴가를 줄 수 있는 비전을 제시한다면 사원은 크게 고무될 것이다. 단지 너무 급속히 실시하게 되면 잘되지 않기 때문에 서서히 계획적으로 하는 것이 중요하다. 그리고 긴 휴가로 경영이 악화되었다는 이야기가 나오지 않도록 충분한 배려가 필요하다. 처음 주 5일 근무제를 시행했을 당시 5일간의 근무 후 어떻게 보낼 것인지 당혹스러워하는 사원들도 있었다고 한다. 그러나 요즈음의 젊은이들은 레저에 익숙해져 있기 때문에 장기 휴가를 보내는 방법에 대해 곤란해 하지는 않을 것이다.

휴가 외에도 동기부여의 방법을 연구해야 한다. 사람은 어떤 경우에 가장 일할 의욕이 생길까. 아마 자신의 존재 가치를 강하게 느꼈을 때 최고로 일할 의욕이 생기지 않을까? 자신이 조직에 이바지하고 있다든가, 신뢰받고 있다든가와 같이 자신이 중요한 존재라고 느꼈을 때 인간은 일할 의욕을 강하게 느낀다. 반대로 자신의 존재가 부정되었을 때 인간은 실의의 늪에 빠지게 된다. 회사에서는 일할 의욕이 넘치는 사원이 많으면 많을수록 좋다. 따라서 사원 한 사람 한 사람의 존재 가치를 어떻게 높여 나가는 가가 중요하다. 현재 동기부여의 방법은 각사에서 여러 가지로 연구되고 있다. 여기서는 인간의 조직이나 집단 속에서 자신의 존재를 어떤 경우에 강하게 느끼는가에 대해 생각해 보고, 이를 확실하게 이해한 뒤 운용 방법을 연구해 본다. 사장 스스로 동기부여 방법에 대해 여러 가지로 연구해야 할 것이다.

▥ 자주 대화를 나눈다

자주 대화를 나누는 것이 동기부여의 첫 단계이다. 성장 과정 교육 수준, 생활환경이 다른 사람이 같은 회사에서 함께 일하기 때문에 생각이나 느낌, 행동 방식이 다른 것은 당연하다. 이를 하나로 정리하여 한 방향으로 밀고 나가야 하기 때문에 일이 어려운 것이다. 상호간에 마음속의 진심을 이야기하지 않는 한 나아가야 할 방향은 잘 정리되지 않을 것이다.

회사는 사장부터 신입사원에 이르기까지 종적인 서열이 있다. 상사가 당연하다고 생각해도 신입사원이 보면 이상한 점이 많다. 이상하다고 느끼는 것은 대화를 통해 푸는 것이 중요하다. 물론 입장이 다르면 개개인의 견해, 사고방식도 다르기 때문에 아무리 이야기해도 의문점이 풀리지 않는 일들이 다반사로 일어난다. 그러나 활발하게 대화가 이루어지고 있는 회사라면 의문점에 대해 곧바로 대화가 이루어질 것이다. 그리고 대화를 통해서 상대의 입장이나 사고방식을 이해하고, 납득하게 되는 것이다. 대화가 없으면 이상하게 생각하면서도 업무 명령이기 때문에 어쩔 수 없이 한다. 그래서는 성과를 기대할 수 없다. 상호의 의문점을 대화로 납득시키는 것과 그렇지 않은 것과는 큰 차이가 있다. 얘기해 본들 소용없다고 생각하는 회사도 있으나 이런 회사에서는 일할 의욕이 생기지 않는다. 자주 대화하고 서로 납득시키려고 함으로써 업무의 성과가 높아지는 것이다.

개인 목표를 명시한다

당신의 목표는 무엇이냐고 물었을 때 전 사원이 나의 목표는 이것이라고 즉석에서 답할 수 있는 회사라면 그 회사는 매우 활기에 차 있는 것이다. 아마 이익도 상당히 내고 있을 것이다. 개인의 목표가 명확하다는 것은 개인이 노력해야 할 것이 명백하다는 것을 뜻하기 때문에 단순히 하루가 바쁘게 끝나는 것과는 전혀 다르다. 목표가 있으면 당연히 어느 정도 달성되었는가를 회사든 본인이든 체크하게 된다. 이렇게 하는 것이 좀 더 좋다든가, 이렇게 하지 않으면 안 되는데 하는 반성을 하게 된다. 이 반성이 자기 자신에게 동기부여가 된다. 목표 없는 곳에 진보 없듯이 목표는 자기 자신을 안내하는 길잡이 같은 것이다.

K사에서는 영업사원 한 명 한 명의 매출과 영업 총이익의 목표 달성도를 퍼센티지로 계산해 매일 발표한다. 매월 말이 되면 이미 목표를 달성한 사람이 몇 명은 나온다. 그 사람들의 그래프 이름에는 빨간 꽃이 붙여진다. 그렇기 때문에 누가 목표를 달성하고 있는가를 곧바로 알 수 있다. 이는 선의의 경쟁을 유도하여 목표를 달성하고 있는 것이다.

회사 전체의 목표는 있으나 그 목표가 전 사원 한 사람 한 사람에게 부과되어 있지 않기 때문에 목표가 확실하지 않은 경우가 비교적 많다. 개인 목표의 총합이 회사 전체의 목표가 되도록 해야 한다. 숫자로 목표를 결정하기에는 어려운 부서도 있지만, 그것도 연구하기에 달려 있다.

ⅢⅢ 각자의 역할을 충분히 인식시킨다

사원 한 사람 한 사람이 자신의 역할을 충분히 인식한다면 전체적인 힘은 커질 것이다. '왜 내가 이런 일을 해야 하는가?'라는 불평불만이 많아지면 일할 의욕은 낮아진다.

회사에는 여러 가지 일이 있고, 어떤 일이든 누군가가 해야만 한다. 옆에서 보기에 화려한 일이 있는가 하면 그렇지 못한 일도 있다. 그러나 어떤 일이든 누군가가 하지 않으면 회사는 돌아가지 않는다. 자기가 담당하고 있는 일이 비록 작은 톱니바퀴 같은 것일지라도 그 톱니바퀴 하나가 틀어지면 전체가 빗나간다는 인식을 가져야 할 것이다.

요즘은 편안하고 깨끗하고 멋진 일을 동경하는 사람이 많다. 그러나 회사 일이라는 것이 멋진 일만 있는 것은 아니다. 그러므로 자기 일의 가치에 대해 충분히 인식할 수 있도록 만드는 것이 중요하다. 이를 위해서는 사장의 관심, 다른 사원들로부터의 감사의 태도와 위로의 말 등이 열쇠가 된다. 특히 모두가 싫어하는 일을 하는 사람에게는 위와 같은 태도로 대하느냐, 아니면 업신여기는 태도로 대하느냐에 따라 의욕이 180도로 바뀔 수 있다. 어떤 일이든 다 중요하며 서로 감사해야 한다는 태도를 가질 수 있다면 회사는 일할 의욕으로 넘칠 것이다. 사장이 선두에 서서 이러한 사풍을 꼭 만들어 주어야 할 것이다.

⫶⫶⫶ 재량권을 제대로 줘라

자신이 생각하고 자신이 결정하는 능력은 인간이 본래 지니고 있는 능력이다. 만일 스스로 생각하고 판단하는 것을 전혀 하지 못하게 된다면 인간은 인간으로서의 존재 가치를 잃게 된다.

회사에서도 마찬가지이다. 자기가 생각하고 자기가 결정할 여지가 전혀 없다면 사람은 일할 의욕을 잃고 회사를 그만둘 것이다. 그렇다고 해서 회사에서 무엇이든 좋을 대로 하라고 할 수는 없다. 따라서 개인의 재량권을 어디까지 인정할 것인가가 커다란 문제가 된다. 사원의 재량권을 인정한다는 것은 사원의 일할 의욕을 고취시키는 것이다.

사장이 하나에서 열까지 전부 간섭하고 사장이 결정하지 않는 한 무엇 하나 결정하지 못하는 초원맨(超 one-man) 회사가 있는데 대개 이런 회사는 사원의 일할 의욕이 매우 낮은 경우가 많다. 이런 회사는 사원 자신이 생각하고 결정할 권리가 전혀 없기 때문에 성장하지 못한다. 그저 사장이 말하는 대로 움직일 뿐이다. 이런 회사는 사장이 있는 동안은 괜찮을지 모르나 갑자기 큰 병으로 눕기라도 하면 회사의 존립 자체가 위협받게 된다.

재량권은 당연히 그 사람의 능력에 따라 부여해야 한다. 충분히 해낼 거라고 생각되는 사원에게 전적으로 맡기면 좋을 것이다. 단, 보고는 반드시 받아야 한다. 임무가 주어짐으로써 사람은 성장한다. 사람을 신뢰할 수 있는가 없는가의 차이일지도 모르나 사람을 믿고 임무를 맡기는 것이 좋으면 좋았지 나쁘지는 않을 것이다.

▒ 활기 넘치는 직장을 만들어라

직장이 활기에 넘쳐 있는가 아닌가도 매우 중요하다. 활기에 넘쳐 있는 직장이라면 일할 의욕은 자연히 증대된다. 신기하게도 성적이 좋은 직장은 활기가 넘친다. 성적이 나쁜 직장은 당연히 침체되어 있다. 그렇기 때문에 활기 넘치는 직장을 만드는 비결은 성적을 올리면 된다. 그리고 사장의 성격에 따라 활기가 있느냐 없느냐가 결정된다. 명랑한 성격의 사장이라면 자연히 직장 전체가 밝고 명랑하고 활기가 넘친다. 그러면 구체적으로 어떻게 해야 활기 넘치는 직장이 될까?

우선 목소리를 크게 하여 이야기하도록 한다. 소곤소곤 남에게 들리지 않는 소리가 아니라 큰 목소리로 이야기하도록 하면 좋을 것이다. 그리고 아침에는 "굿모닝!", 퇴근하면서는 "수고해요!"라는 인사를 철저히 하도록 한다. 그게 무슨 효과가 있을까 하고 생각하는 사람도 있겠지만, 이것이 직장 매너의 기본이다. 활기가 없는 직장에서는 이런 인사도 제대로 하고 있지 않다.

다음은 무엇이든 말할 수 있게 한다. 속에 있는 말을 모두 할 수 있는 직장이 되면 반드시 활기가 넘친다. 이때 사장이 직원의 이야기를 잘 듣는 태도가 중요하다. '모두가 옳은 것 같군. 그러나(all yes, but…).'와 같은 방식으로 이야기를 잘 들은 뒤 틀린 점, 생각의 차이점 등 사장으로서의 생각을 상대에게 이야기한다. 이러한 태도를 취할 수 있으면 직장은 반드시 활기가 넘친다. 우리 사장은 이야기를 끝까지 잘 들어주기 때문에 무엇이든 이야기할 수 있다고 하는 식의 신뢰감을 직원들에게서 얻는 것이야말로 직장을 활기 있게 하는 포인트이다.

▥ 사장의 인간성이 승부의 관건이다

사장에 대한 사원의 신뢰감과 존경심이 강할수록 그 집단은 강력한 힘을 지닐 것이다. 사장의 카리스마가 사람의 마음을 강하게 사로잡기 때문이다. 사장은 사원이 봐서 매우 매력이 있는 사람이 아니면 안 된다. 그렇기 때문에 끊임없이 자기를 연마해야 한다.

인간의 매력, 특히 회사의 경영자로서의 매력이란 무엇인가? 회사를 성장시키는 경영 수완, 인간으로서의 인품, 풍부한 지식과 친근감 있는 대화 방식, 언제나 사원의 일에 신경 쓰는 부드러움, 자신의 신념을 관철시키는 엄격함과 강인함, 사업에 대한 정열, 청렴결백한 성격 등 이루 헤아릴 수 없을 정도로 많다. 이와 같은 모든 요소가 혼합되어 그 사람의 인격이 형성되는 것이다. 반대로 매력을 상실케 하는 요인도 분명 있을 것이다. 이러한 마이너스 요인을 충분히 인식하여 우선 이를 없애는 것이 훨씬 수월하다. 그럼 어떤 것이 마이너스 요인이 되는가를 생각해 보자.

ⅢⅢ 의심이 강하면 직원을 실망시킨다

의심이 유달리 강한 사장이 있다. 그런 사장은 모든 것을 의심의 눈초리로 보기 때문에 직원들은 참을 수가 없다. 책상 서랍의 서류 위에 일부러 성냥개비 한 개를 몰래 놓고 출장 가는 사장도 있다. 없는 동안에 누군가가 서랍을 열지 않았는지 체크하기 위한 것이다. 이렇게 의심이 강한 사장에게는 당연히 사원들의 마음이 멀어질 수밖에 없다. 누구나 다 의심을 갖게 마련이지만, 이것이 도를 지나치면 사장으로서는 이미 실격이다. 그러나 생각하기에 따라서는 매우 가엾은 사람일지도 모른다. 누구도 믿지 못하기 때문이다.

말과 행동이 다르면 불신감을 조장한다. 말하는 것과 행동하는 것이 전혀 다르면 아무도 따르지 않는다. 특히 사장의 언행불일치가 사원에게 미치는 불신감은 대단한 것이다. 사장이 아무렇지도 않게 이야기한 것, 한 잔 마신 후 기분이 좋아 입에서 뱉은 말, 어쩌다 불쑥 내뱉은 말 등 사장이 한 번 이야기한 것은 사원의 가슴속에 깊이 새겨진다. 상황이 나빠지면 그런 이야기를 한 기억이 없다, 그런 말을 할 이유가 없다, 잘 생각해 보라는 등 반대로 목소리를 높이는 사장도 있다. 그러나 정말로 기억이 없더라도 사원이 기억하고 있다면 그렇게 말한 것이 틀림없을 것이다.

한 번 말한 이상 실행하지 않으면 사장의 권위는 서지 않으며, 사원으로부터도 불신을 사게 된다. 말과 행동이 일치하지 않는 일이 자주 있게 되면, 사원들은 또 입으로만 하는 이야기일 거라며 믿지 않으려 한다. 사장에 대해 사원이 그렇게 생각한다면 일할 의욕이 생길 리가 없다. 사원이 의욕을 갖고 일할 마음이 생기는 때는 사장을 신뢰하고 사장과 함께 일하여 성과를 거두는 기쁨을 나누고 싶을 때이다. 그만큼 사장의 언동은 중대한 영향력을 갖고 있다. 그 점을 충분히 생각하여 발언은 신중히, 행동은 과감하게 하길 바란다. 아무쪼록 언행불일치로 사원의 불평을 사지 말아야 할 것이다.

ⅢⅢ 욕심쟁이 사장에게는 혐오감을 갖는다

이 회사는 내 것이니까 망하든 흥하든 내 마음대로라며 폭언을 서슴지 않는 사장이 가끔 있다. 사원이 이 말을 듣는다면 이런 회사에서 일해 봤자 별 볼 일 없다거나 빨리 다른 안정된 회사로 옮기자고 생각할 것이 틀림없다. 이렇게 직선적인 폭언을 하지는 않더라도 욕심쟁이인 사장이 상당수 있다. 이것은 터무니없이 공(公)과 사(私)를 혼동한 것이다. 공과 사의 혼동은 누구에게나 약간씩 있게 마련이다.

그러나 회사를 사유화하려는 사장에게는 사원이 혐오감을 갖게 된다. 예를 들면, 딸의 차를 회사 돈으로 산다든가, 결혼한 장남의 아파트 임대료를 회사에서 지불한다든가 하는 경우이다. 사리사욕이 강한 사람은 자신의 지갑에서는 한 푼도 내놓지 않고 모든 것을 회사에 부담시킨다. 회사는 자기 것이라는 생각이 강하기 때문에 그렇게 하는지도 모른다. 그러나 사장이라고 해서 회사와 관계가 없는 것까지 지불하게 하는 건 정신적으로 참을 수 없다고 하는 경리 담당자의 한탄 섞인 소리가 들리지 않는가? 그런 일은 곧바로 회사 전체에 소문이 퍼지며, 그만두는 것이 좋지 않을까 생각하는 사원이 많아지게 된다. 회사가 사장 한 사람만의 것이라는 생각을 버려라.

▥ 인정머리 없는 차가운 성격의 사장은 되지 마라

온정주의가 한국식 경영의 특징의 하나라고 일컬어진다. 온정주의는 엄격함이 결여되어 격심한 경쟁을 하는 데는 적합하지 않다고 한다. 그러나 한국인은 정에 약한 민족이기 때문에 구미와 같이 건조한 고용 관계를 그다지 선호하지 않는다. 극단적인 표현을 하자면 안 되는 놈은 목을 치고, 실적이 좋으면 승진시키는 것이 구미의 방법일 것이다. 물론 이러한 엄격한 사고방식도 어느 정도는 필요하다. 그러나 작은 회사라면 사장이 바로 회사이기 때문에 사장의 마음이 따뜻한가 냉혹한가에 따라 사원들이 느끼는 것이 다르다. 일에 대해 엄격한 것은 좋지만, 인간에 대해 냉혹하다고 평판이 나면 사원의 마음은 떠나 버린다.

예를 들면, 어떤 이유로 사원이 회사를 그만둔다고 했을 때 그만두는 사람에게 "송별회 같은 것으로 회사 돈을 지급하지는 않아."라는 말을 무의식중에 입 밖에 내면, 사원은 '이 사람은 냉혹한 사람이구나.'라고 느끼게 된다. 반대로 간단한 송별회를 해 주거나, 앞으로 서로 어디서 어떤 관계로 만날지 모르니 열심히 하라고 격려를 해 주면 다른 사원도 '아, 마음이 따뜻한 사람이구나.' 하고 느끼게 된다. 이렇게 사장의 일거수일투족이 모든 사원에게 어떻게든 영향을 미친다. 사장은 단기적인 안목에서뿐만 아니라 장기적인 안목으로 잘 생각하고 행동하지 않으면 안 된다. 일에서는 엄하지만, 인정미가 넘치는 사람이라는 평가를 꼭 얻도록 한다.

▥ 사람을 키우지 않는 슈퍼맨 사장이 되지 마라

하나부터 열까지 무엇이든 자기가 결정하지 않으면 마음이 놓이지 않는 슈퍼맨 사장이 있다. 쉬지도 않고 너무 열심히 일하며, 회사 내의 일은 모두 자기를 거치지 않으면 마음이 놓이지 않고 전부 자신이 결정해야 하기 때문에 몸이 열 개라도 부족하다. 그리고 간부가 칠칠치 못해서 전부 자기가 하지 않으면 안 된다고 큰소리친다. 간부사원이 주제넘게 나서기라도 할라치면 호되게 비난한다. 따라서 사원 모두가 사장의 얼굴색을 보면서 일을 한다. 사장한테 결재를 맡지 않으면 무엇 하나 결정되는 것이 없다. 그렇게 때문에 무슨 일이든 결정이 늦고 타이밍을 놓치는 경우가 자주 있다. 사원들은 뒤에서 이래서는 안 된다며 투덜거리지만, 누구 하나 사장 앞에서는 이야기하지 않는다.

이렇게 의사결정은 모두 사장이 하기 때문에 그 회사의 사원은 성장하지 못한다. 자신이 생각하고 자신이 결정할 기회가 없기 때문에 의사결정 훈련을 해 볼 기회가 없는 것이다. 이와 같은 슈퍼맨 회사는 사장이 있을 때는 괜찮지만, 후계자를 키우지 않기 때문에 사장이 부재중이거나 하는 문제가 발생하면 대단히 취약해진다. 또 우수한 인재가 모두 떠나 버린다. 능력에 따라 권한을 부여받는 것도 아니고, 사장이 말하는 대로 움직일 뿐이기 때문에 아무도 바보같이 그런 회사에서 일하지 않을 것이다. 사람을 훌륭하게 쓴다는 것은 권한을 적당히 분산하여 자기의 의사를 반영할 수 있도록 해주는 것이다. 무엇이든지 다 혼자서 결정하는 방법은 인재를 떠나 보낼 뿐이다.

강남 할배 왈

절대로 포기하지 않는다. 바로 결정할 수 있는 일은 바로 결정하라. 작은 파문은 넓게 확대되다가 자연히 소멸한다. 중요한 것만을 추출하라. 다른 안건은 뒷전으로 미루어 놓아라. 결정하기 전에 가능한 한 많은 조건을 내세워라. 회사의 정리를 결정할 때 사원의 얼굴을 보지 말라. 회사의 장래를 보도록 하라. 회사는 또 차리면 된다.

11

NEVER GIVE UP

ⅢⅢ 회사는 망해도 사장은 안 망한다

　회사가 망하면 사장도 망할까? 어리석은 질문이라고 생각하는 독자도 있을 것이다. 많은 사람이 회사가 망하면 사장이 망하는 것은 당연한 것이 아니냐고 할 것이다. 하지만 필자의 생각은 다르다. 회사가 망하는 것과 사장이 망하는 것은 전혀 별개의 문제이다. 회사는 없어졌다 생겼다 하는 것이지만 사장은 없어졌다 생겼다 하는 그런 것이 아니다. 사장은 회사의 주체일 뿐 구속되는 것은 아니기 때문이다. 회사를 운영하다 보면 경영이 어려워져 사업을 접는 경우도 있고 사장이 운영을 하기 싫어 접을 수도 있다. 회사를 정리하였다고 망한 것은 아니지 않은가? 사람들은 회사가 문을 닫으면 망했다고 생각한다. 물론 잘 되는 사업을 접지는 않는다. 특별한 경우를 제외하고는 말이다. 그러나 사장은 회사를 일부러 망하게 할 수도 있다. 그러니 회사가 망했다고 사장이 꼭 망한다는 것은 아니다.

　사장은 얼마든지 회사를 고의로 망쳐 놓을 수 있다. 사장에게는 그런 능력이 있어야 한다. 회사를 고집스럽게 이끄는 것만이 유능한 것은 아니다. 접을 때는 과감히 접는 지혜와 결단성도 필요한 것이다. 안 되는 사업에 연연하는 것은 매우 어리석은 일이다. 사업을 쉽게 포기해서는 안 되지만 그렇다고 안 되는 사업을 고집스럽게 이끌 필요는 없다. 사장은 어느 회사를 해도 사장이다. 요리사는 어느 요리든 잘하는 것이 일류 요리사 아닌가? 사장도 마찬가지다. 한 가지 회사만을 고집하는 사장은 사장이기보다는 엔지니어에 가깝다. 사장은 자신의 사업에 비전이 보이지 않으면 빨리 접고 다른 사업을 해야 한다. 그래야 사장을 계속 유지할 수 있다. 작은 기업의 장점은 빨리 변할 수 있다는 것이다. 대기업은 쉽게 변하기가 어렵다. 정리하는 것도 쉽지가 않다. 하지만 소기업은 변하거나 정리하기가 쉽다. 특히 정리가 쉬운 것이 소기업의 장점이다. 이것을 최대로 이용해야 작은 기업의 사장은 살아남을 수 있다.

이 세상에 직업은 많다. 할 일도 많고, 아이템도 많다. 얼마든지 지금의 사업을 때려치우고 다시 시작할 수 있는 것이다. 영원한 사장이 되기 위해서는 사업을 정리하는 기술도 하나의 방법이다. 그 기술은 회사는 망해도 사장은 망하지 않는 기술인 것이다. 파산을 잘하는 사장이 진짜 사장이다. 타인이나 외부의 힘으로 파산하는 것이 아니고 자신의 의지로 파산하는 것은 피해를 최소화하고 다시 시작할 수 있는 기회를 잡는 것이다. 따라서 사장은 자신이 만든 회사를 자신이 정리하는 것도 배워야 한다. 그것도 아주 매끄럽게 말이다. 그래야 회사는 망해도 사장은 망하지 않는 것이다.

||||| 계획 경영으로 완벽을 기한다

가장 바람직한 기업 경영의 모습은 회계연도 초에 빈틈없는 계획을 세워 그 계획을 확실하게 수행하는 것이다. 즉 예산이 곧 결산이 되는 경영이다. 그러나 좀처럼 그렇게 되지 않는 것이 현실이다. 예상치도 않은 문제가 계속해서 일어나 대응하기에도 바쁘기 때문이다. 그러나 계획을 수립했을 때 예상치도 못했던 환경 변화에 대응할 수 있다면 계획 달성도 가능할 것이다. 우물쭈물하다가 환경 변화에 대응이 늦어지면 계획은 계획으로 끝날 수밖에 없다.

기업 경영에 있어서 계획은 꼭 필요하다. 계획을 수립하지 않고 경영을 하는 것은 컴컴한 밤중에 불빛도 없이 가는 것과 같다. 충분히 검토된 계획을 수립하고, 그 계획을 수행할 수 있도록 전 사원의 힘을 하나로 결집시키려는 노력이 중요하다.

1년 계획은 중기 경영 계획에 근거하여 올해는 어떻게 통제할 것인가 하는 구조개선(構造改善) 계획이다. 이러한 의미에서 보면 중기 계획이 얼마나 중요한가를 알 수 있다. 장차 회사를 이렇게 변화시킨다고 하는 경영 비전이 명확하게 제시되어야만 사원이 일할 마음이 생기고 하나가 된다. 목표가 없다는 것은 터널 속에서 출구도 모르는 채 우왕좌왕하는 것과 같다. 이럴 때 사원이 갖고 있는 힘은 하나로 뭉쳐지지 않는다. 헛되거나 예상이 빗나가는 등 불필요한 행동이 많아져 노력은 많이 하는데도 결과가 없는 비참한 꼴이 된다. 그러나 정확한 목표를 제시한다면 사원 한 사람 한 사람이 해야 할 노력의 포인트도 명확해진다.

좋은 계획을 수립하는 것이야말로 좋은 결과를 낳는 지름길이다.

어떤 일이든 계획성을 갖고 실행에 임하는 습관을 갖게 되며, 모든 일이 효율적으로 이루어지게 된다. 생산성도 반드시 올라간다. 특히 중소기업의 경우 모든 면에서 쓸데없는 일이 많은데 그 이유의 하나는 계획성이 없기 때문이다.

▥ 중기 경영 계획을 수립하고 발표하라

회사 경영이 점차 궤도에 오르게 되면 3개년 정도의 중기 경영 계획을 입안하여 경영의 마디를 만들어 나갈 필요가 있다. 제1차 중기 경영 계획, 제2차 중기 경영 계획과 같이 회사가 나갈 방향을 명확하게 세우는 것이다. 이러한 체제가 충분히 정비되면 다음 전략을 전개하기가 용이해진다. 물론 계획을 세운다고 해서 그대로 되는 것은 아니다. 그러나 계획에 따라 노력을 계속하다 보면 점차로 계획대로 일이 진행된다. 규모도 작고, 경영도 아직 안정되어 있지 않을 때는 계획대로 되지 않는 경우가 많다. 여기서는 중기 경영 계획의 의의, 내용, 입안자, 발표 방법, 계획의 수정에 대해 다뤄 보았다. 3년 후의 일을 어떻게 알 수 있겠는가 생각하는 사람도 있을지 모르나 그래도 한번은 예측에 근거하여 반드시 중기 경영 계획을 입안해 주어야 한다. 시행착오를 반복해야 계획 입안도 익숙해지는 것이다.

중기 경영 계획의 의의는 회사의 장래 비전을 명확하게 하는 데 있다. 이렇게 함으로써 사원의 근무 의욕을 높일 수 있다면 큰 이점이 될 것이다. 또 중기 경영 계획을 책정하는 과정에서 여러 가지 문제점이 나오게 되면 이에 대해 어떻게 대응할 것인지도 검토할 수 있다.

장래에 예상되는 문제에 대해 사전에 대책을 강구할 수 있다는 것은 매우 큰 장점이다. 일이 일어난 후에 대책을 검토하는 것과 사전에 대책을 준비해 놓는 것은 대응하는 스피드에 있어 큰 차이가 생긴다. 또한, 중기 경영 계획을 수립하는 과정에서 예상되는 문제점의 해결책을 생각해 놓는 것은 사전에 문제를 해결하는 훈련도 된다. 직접 계획에 참여한 사원은 그 과정에서 여러 가지를 배울 수 있을 것이다. 예를 들어 계획을 어떠한 스타일로 정리하면 좋을 것인가, 매출액이나 이익, 경비와 같이 직접 숫자로 명시해야 할 항목에 대해서는 어떤 접근 방법으로 숫자로 나타낼 것인가, 간접 부분의 목표는 어떻게 표현하는 것이 좋은가 등 여러 가지를 배울 수 있다. 이렇게 문제를 해결하려는 과정에서 사원의 능력이 향상된다. 그리고 사장은 자기 머릿속에서만 막연히 생각하고 있던 것이 구체적인 숫자나 글로 표현되기 때문에 보다 구체적으로 회사의 장래 모습을 그릴 수 있다. 그렇게 함으로써 어떻게든 실현시키지 않으면 안 된다는 강한 결의가 마음속에 묵직하게 자리 잡게 된다.

중기 경영 계획을 정리하는 방법은 여러 가지가 있으나 기본 목표는 회사의 3개년 계획을 이와 같이 하고 싶다는 설정이다. 이것은 사내의 각 관계자가 검토하고 최종적으로 사장이 판단하여 결정하는 것이 극히 일반적인 방법이다. 매출액을 어느 정도의 신장률로 할 것인가, 영업 총이익은 몇 % 정도 취할 수 있을 것인가, 경비는 어느 정도로 억제될 수 있을 것인가, 이익은 충분한가 등 크게 의견이 분분할 것이다.

경영 기본 방침이란 이 3개년 계획에 나타나 있는 가장 기본적인 생각 또는 방향으로, 곧 사장의 경영 철학이다. 회사를 이렇게 하고 싶다는 사장의 생각을 간결하게 정리하여 전 사원이 알게 하는 것이다.

중점 정책이란 기본 방침을 기초로 하여 구체적으로 무엇을 할 것인지를 3개년에 걸쳐서 계획하는 것이다. 예를 들어 판매 관계라면 판로를 정비한다든가, 새로운 점포를 낸다든가 하는 것이고, 총무 관계라면 종업원 지도 제도를 검토한다든가, 제 규칙을 재정비한다든가와 같은 구체적인 것을 꼭 하겠다는 정책적인 계획이다. 각 부문의 중점 과제란 각 부문 속에서 해야만 될 것을 구분해 놓은 것이다. 기타 조직표나 회사의 행사 계획 등 각사에서 필요하다고 생각되는 것을 덧붙여도 좋을 것이다.

▦ 중기 경영 계획의 수정은 바로 해라

중기 경영 계획을 한 번 발표했다고 해서 그대로 방치해서는 절대로 안 된다. 기업을 둘러싼 경영 환경은 항상 변하게 마련이다. 중기 경영 계획도 가끔 수정하여 살아 있는 계획으로 만들지 않으면 안 된다. 당연한 것이지만 1년이 지나면 나머지 2년의 계획은 수정이 필요하다. 1년 전과는 경영 환경이 상당히 변했기 때문이다. 아마 약간의 수정은 필요할 것이다. 수정을 하면서 그 이후의 1년 계획을 새로이 입안하는 회사도 상당수 있다.

문제는 1년이 경과할 때까지 계획만 세웠지 아무것도 하지 않고 그대로 놔두는 것인데, 이래서는 모처럼 힘들여 세운 계획이 의미가 없어진다. 그렇기 때문에 가능하면 3개월 후 다시 한 번 반성과 체크를 위해 검토 회의를 열어야 한다. 3개월에 한 번 정도라는 기간이 짧다면 6개월에 한 번 정도라도 좋다. 적어도 반년에 한 번 정도는 할 필요가 있다. 사장이 중기 경영 계획 달성에 보통 이상의 의욕을 갖고 있다는 것을 인식시키기 위해서도 꼭 반년에 한 번은 검토 회의를 거치도록 한다. 이런 과정에서 여러 가지 문제점이 나올 것이다. 간부사원 중에서 핑계를 대며 실행이 잘 안 된 것을 정당화하는 사람이 있다면 추궁해야 할 것이다. 이렇게 검토 회의를 통하여 간부사원을 육성하는 계기도 만든다. 커다란 경제 변동이나 생각지도 않은 어려움에 직면하게 되는 일이 일어나는 등 환경에 변화가 있을 경우에는 도중에라도 계획의 수정을 당연히 검토해야 한다. 우물쭈물하다가 환경의 변화에 재빠르게 대응하지 못하면 계획은 계획으로 끝날 수밖에 없다.

▥ 조직을 만드는 방법을 모색하라

사원 수가 많아지면 조직을 만드는 것이 중요한 과제가 된다. 전 사원이 하나로 뭉쳐서 일하기 위해서는 어떤 일을 누가 할 것인가, 팀 단위로 일할 경우 어떻게 해서 효율성을 높여 나갈 것인가 등을 명확하게 하여 명령 계통의 질서를 확실하게 해야 한다.

작은 회사에서는 대기업과 같은 조직은 필요 없다. 대부분 사장 한 사람이 전체를 파악하여 필요한 지시와 명령을 하면 충분하다. 그러나 사원 수가 많아지면 그렇게만 해서는 안 된다. 사장이 없는데 긴급사태가 생겨 어떤 식으로든 대처하지 않으면 안 될 때 누가 지시를 내릴 것인가가 문제가 된다. 주임, 과장, 부장과 같은 것은 누구나 다 잘 알고 있고 자주 들어서 익숙한 직명이다. 그런데 요즈음에는 주임(主任), 조사원, 연구원, 그룹 팀장 등과 같은 이름이 명함에 인쇄되어 있는 경우를 자주 보게 된다. 이 직명들은 어떤 직명이 위인지 아래인지를 확실하게 알 수 없다. 최근에는 이처럼 알 것 같으면서도 모르는 직명이 범람하고 있다.

직제란 지시 명령권, 사내에서는 지위를 나타내는 회사 제도이다. 종적인 직제의 예를 들면 사장→부장→과장→계장이 있고, 횡적이면서 스태프적인 직제에는 대리, 차장, 부(副), 보좌 등이 있다. 어떤 작은 회사에서는 사장이 있고 나머지는 모두 평사원으로 임원직은 아무도 없는 경우도 있다. 이런 경우에는 회사에 입사한 순번, 이른바 연공, 연령의 차가 있어 자연히 리더 격인 사람이 결정되기 마련이다. 이러한 사람에게 주임이나 과장 등과 같은 직책명을 붙여 책임 있는 입장에 놓으려는 것이 직제를 만드는 첫걸음이다. 직책이 붙게 되면 수당을 주는 경우가 많기 때문에 본인도 책임감을 갖게 되고 일하는 태도도 달라진다.

임원에게는 그에 맞는 권한을 부여해야 본인도 성장한다. 사장이 임원을 통하여 지시를 내릴 때 사내에서의 임원의 지위도 가한된다. 임원을 통하여 간접적으로 전 사원을 통제해 나가지 않으면 사원 수가 많아질수록 경영이 어려워진다. 직제를 일목요연하게 하는 것은 회사를 통솔하는 필요조건이 된다.

직제는 회사가 만든 형태가 있는 제도이나, 형태가 없어 눈에 보이지 않는 하나의 정신적인 흐름을 만드는 것이 중요하다. 그것은 사원의 다채로운 발상, 행동의 일체화, 기분의 일치로 이루어질 수 있다. 다채로운 발상은 현재와 같이 가치관이 다양한 사회에서는 꼭 필요한 것이다. 발상이 언제나 한 가지 패턴으로 고정되어 있어서는 회사의 발전이 없다. 개개인이 가지고 있는 여러 가지 생각을 내놓고 격론을 해야만 새로운 발상이 생기는 것이다.

발상은 다채로워야 하지만 행동까지 각자 생각하는 대로 해서는 힘이 분산되어 약한 집단이 되어 버린다. 따라서 행동할 때는 전 사원이 일체가 되어 뭉칠 필요가 있다. 그리고 마음을 통합할 수 있는가의 여부이다. 만일 마음이 하나로 통합될 수 있다면 그 집단의 힘은 배 이상이 될 것이다. 이러한 방향 설정은 사장이 결정해야 한다.

회사의 제도로서의 직제와 형태도 모습도 없는 사고방식이나 분위기와 같은 심적(心的) 에너지 흐름, 즉 사풍을 잡아갈 수만 있다면 회사의 힘은 커질 것이다. 사람은 제도만으로는 마음이 움직이지 않는다. 심적 에너지를 어떤 방향으로 몰아가느냐는 사장의 생각이나 노력에 달려 있다. 어떻게 하면 가장 효과적으로 만들어 갈 수 있을지 사내의 상황을 고려하여 생각한다.

▒ 능력주의의 시스템화를 구축하라

최근 한국식 경영의 특징의 하나인 연공서열이 급속히 붕괴되고 있다. 각사는 앞다투어 능력주의, 실력주의를 기치로 내걸고 젊음의 에너지를 활용하고자 젊은 사원의 등용을 꾀하고 있다. 앞으로는 이러한 능력주의를 도입한 인사 제도를 채용해야 할 것이다. 어떤 회사에서는 선거 제도를 도입하여 간부를 선거로 선출하는 곳도 있다. 따라서 적어도 직무정년제 정도는 도입하는 것이 좋다. 특히 중·노년층이 많고 젊은층이 위로 올라갈 수 없는 회사에서는 이 제도를 도입하여 위가 막혀 있는 상황을 변화시키지 않으면 안 된다. 모처럼의 젊음의 에너지가 말살되고 경우에 따라서는 마이너스로 작용할지도 모른다.

물론 능력주의를 도입하면 젊은 사람이 상사가 되어 자기보다 나이 많은 부하를 부리게 되는 경우가 많아질 것이다. 그러나 이러한 일은 익숙해지면 아무렇지도 않은 일이 된다. 상사가 힘도 있고 실적도 있으면 아무리 나이가 어리다고 해도 따르지 않을 수가 없기 때문이다. 문제는 힘도 없는 젊은 사람이 위에 있을 때이다. 사원들에게는 이런 사장의 처사가 마음에 안 들 때가 종종 있다. 그렇기 때문에 사장은 사원의 능력을 올바르게 파악하는 것이 중요하다. 누가 보더라도 괜찮다고 하면 그리 큰 문제는 없다. 철저한 능력 위주의 인사 제도는 회사를 번영시키는 데 필요한 인사 시스템이 될 것이다. 나이 먹은 사원이 많은 회사는 이 시스템을 운영하는 것이 대단히 어렵겠지만, 용단을 내려 실행하면 반드시 이익이 된다.

경영에 가능한 한 사원을 참여시켜라. 무슨 일이든 일방적으로 결정된 것을 전달받을 뿐이라고 느끼게 되면 사원들의 의욕은 높아지지 않는다. 참여의식을 거의 갖지 않기 때문이다. 회사의 경영에 참여하고 있다고 느낄 수 있는 여러 가지 방법을 강구하여 실시하는 것이 좋다. 예를 들면 올해의 슬로건을 사원으로부터 모집한다든가, 1년간의 행사를 기획시킨다든가, 사장과 정례 간담회를 한다든가 하는 식으로 사원이 생각하고 있는 것을 자유롭게 발표할 수 있는 장(場)을 만드는 것이다. 그러한 장에서 사원이 진심으로 이야기할 수 있는 분위기가 마련되면 여러 가지 경영상의 힌트를 얻을 수 있을 것이다. 자칫 잘못되면 사원의 직언을 비난으로 받아들여 화내는 사람도 있으나, 한 번 이런 일이 생기면 더 이상 아무도 진실을 이야기하지 않는다. 사장을 비판하거나 회사를 비판하더라도 유연하게 받아들여 경영에 적용하는 태도를 취할 수 있으면 회사는 밝고 힘이 넘치는 집단이 될 것이다.

앞으로는 사장 혼자서 회사 일은 마음대로 처리하는 시대가 아니다. 사원 한 사람 한 사람의 힘을 빌려서 전 사원이 힘을 합쳐 경영을 해 나가는 시대인 것이다. 그렇게 하기 위해서는 사원의 의견을 잘 듣고 이를 경영에 적용하는 것이 중요하다. 사원의 의견을 듣기는커녕 자기 혼자서 떠들어대는 사장이 많으나 혼자서 지껄여대서는 누구도 마음을 열지 않을 것이다. 경영에 가능한 한 사원을 참여시켜라. 자신도 참여하고 있다고 느끼면 일하는 태도도 달라질 것이다.

▥ 직무 분담과 직무 권한을 명확히 한다

조직화의 마무리 단계는 직무 분담과 직무의 권한을 명확하게 하는 것이다. 중소기업 이상 정도가 되면 대개 직무 분담 규정이 있어 각 부서가 분담해야 할 기능을 명확하게 규정하고 있다. 예를 들어 영업부에서는 무엇 무엇을 한다는 식으로 부서별로 일의 내용을 세밀하게 정하고 있다. 그렇기 때문에 일이 겹치거나, 담당 부서가 명확하지 않다든가, 다른 부서가 해야 할 일을 하고 있다든가 하는 일이 정리되고 담당 부서가 확실해진다. 직무 분담이 명확해지면 이에 수반하는 권한의 범위를 정해야 한다. 직무 분담과 권한은 동전의 양면과 같은 것이기 때문에 직무 분담 규정 속에 규정되어 있는 경우가 많다. 이것이 확립되면 한 층 더 조직의 뼈대는 튼튼하게 세워진다. 남은 문제는 운용이다. 아무리 규정이 완벽하더라도 그것만으로는 부족하며 문제점이 점차 생길 것이다. 그렇기 때문에 규정은 누구나 다 준수해야할 규칙으로서 중시해야 하지만 여기에만 집착해서도 안 된다.

결국, 조직은 사람이 모인 것이기 때문에 조직이 효과적으로 움직이기 위해서는 한 사람 한 사람의 생각이 중요하다. 그들 스스로 규칙을 지켜야 한다는 생각, 자기 형편을 앞세우기보다는 조직의 형편을 우선시킨다는 생각을 가지고 있어야 한다. 특히 사장에게 이것이 요구된다. 규칙을 어기는 사장이 의외로 많다. 사장의 행동이 조직에 미치는 영향이 매우 크다는 것을 잊지 말아야 할 것이다. 회사는 여러 사람이 함께 일하는 곳이기 때문에 이를 잘 운영하기 위해서는 여러 가지 제도가 필요하다. 말하자면 조직을 효율적으로 운용하기 위한 제도가 필요한 것이다. 그렇기 때문에 사원의 수가 많아질수록 제도를 정비할 필요성이 높아진다.

여기서는 어떤 회의가 필요한지, 그 운영 포인트는 무엇인지, 가격 제도의 방법, 인사고과 방법, 퇴직금을 정하는 방법, 급여 체계 등과 같이 회사 운영의 기본이 되는 제도에 대해 간단하게 정리해 보았다. 본래 이런 제도는 어떤 것이나 한 가지만으로도 한 권의 책이 될 정도로 복잡하다. 여기서는 제도의 바탕이 되는 사고방식의 일부밖에 기술하지 않았으나 이러한 제도가 회사 운영의 기본적인 뼈대가 되기 때문에 회사의 규모가 커질수록 제도의 정비는 피할 수 없을 것이다. 이 기회에 회사의 제도를 재검토해 보면 어떨까 한다. 젊은 사원이 늘어나면 여러 제도를 빨리 재검토하는 것이 필요하다.

⠀인사고과의 방법을 합리적으로 운영한다

사람이 사람을 평가한다는 것은 정말로 어려운 일이다. 그러나 사원 한 사람 한 사람의 평가를 적절하게 하지 못하면 이것이 근로 의욕으로 연결되지 못한다. 목표 달성 하나만을 놓고 보아도 비교적 쉬운 목표를 해결한 사람과 매우 어려운 목표에 도전하여 90%밖에는 달성하지 못한 사람 중 어느 쪽을 높이 평가하는 것이 올바른가 하는 문제가 생긴다. 이 때문에 숫자만으로 판단해서는 적절한 평가를 할 수 없다. 공정하게 판단할 수 있는 평가자의 안목이 필요하다.

인사고과는 봄철의 승급 때, 여름과 겨울 상여금 지급 때 등 1년에 3회 정도 하는 경우가 많다. 승급 시에는 각 사원의 능력 평가에 중점을 두고, 상여금 지급 시에는 업적에 중점을 두고 평가한다. 인사고과에서 중요한 것은 평가 결과를 피드백(feedback)해 주는 것이다. 가능하다면 평가 결정 후 사장이 한 사람 한 사람과 면담을 하여 당신의 이런 점이 좋았다든가, 이런 점은 좀 더 열심히 했으면 좋겠다 등과 같이 면담을 통하여 지도를 해 준다. 열심히 하기는 했는데 결과가 오리무중이라면 어디를 주의해야만 높은 평가를 받을 수 있는지 알 수 없기 때문에 자기 계발에 도움이 되지 않는다.

중소기업에서는 인사고과의 내용을 사원에게 알리지 않는 경우가 많다. 그래서 사원은 어떤 평가 항목이 있는가, 누가 자기를 평가하는가조차도 모르는 일이 자주 있다. 인사고과표는 사원에게 명시하는 것이 훨씬 더 좋다고 생각하는데, 왜 그런지 비밀로 하는 회사가 많다. 그러나 최초의 평가는 직접 상사가 하고, 2차 평가와 최종 조정단계를 거쳐 평가한 뒤, 회사 전체의 평가 결정 과정을 잘 설명하여 이해시키는 것이 좋다.

⑩ 자격 제도의 도입을 채택한다

중소기업 이상의 규모가 되면 자격 제도가 도입되는 경우가 많아진다. 자격 제도는 전 사원을 일정한 기준에 따라 정한 자격에 적용시켜 그 자격으로 급여, 여비, 사택 경조, 회사 행사 등에 대해 지급, 대여, 참가를 결정하는 것이다. 예를 들면, 자격을 1급 사원에서 10급 사원까지로 하여 세밀하게 자격 기준, 승급 기준 등을 명시하여 운용한다. 예를 들어 직제가 과장이라면 6급이나 7급 사원 중에서 업무상 필요에 따라 적당하다고 생각되는 사람을 선택한다. 이것은 관리자 수가 제한되어 있어 직책이 없는 사람도 나오기 때문에 6급, 7급 자격자는 누구나 과장이 될 수 있는 능력이 있다고 회사가 인정하고 그러한 자격으로 대우하는 것이다.

자격과 직제가 뒤죽박죽이 되어 과장이 될 수 있는 유력자는 결국 어떤 형태로든 전원 과장이 된다든지, 운용에도 상당히 손이 간다든가 하는 문제가 있긴 하지만 이 제도를 도입하여 잘 운용하면 평사원도 몇 년 지나면 위의 자격으로 올라갈 가능성이 있구나 하고 자기의 장래에 대해 예상할 수 있기 때문에 안정된 기분으로 일할 수 있게 된다. 필자가 지금까지 보아 온 결과 작은 회사에서는 자격 제도를 도입해도 운용하는 것이 어려운 것 같다. 적어도 사원 수가 100명 이상이 되어야 검토해 볼 수 있을 것이다. 최근에는 자격 제도와 퇴직금을 연결하는 경우가 많아졌는데, 자격 제도를 도입하려고 생각하고 있는 회사는 지금 바로 재검토해 보는 것이 어떨까 한다.

▓ 퇴직금 산출 방법을 명시하라

최근에는 입사한 지 얼마 안 되는 신입사원도 퇴직금에 관심을 갖는 사람이 늘어나고 있다. 또 몇십 년 전의 이야기지만 퇴직금 제도가 잘 정비되어 있는가로 회사의 내실을 판단하는 때도 있었다. 우리나라의 근로기준법에서 계속 근무 연수 1년에 대하여 30일분 이상의 평균임금을 지급하도록 하는 최저 기준을 마련해 놓고 있다. 물론 자진 퇴직할 경우에는 감액 규정이 있고, 기업 연금제를 병용하는 회사도 많아 대기업일수록 연금을 중시한다.

만일 자사에서 자격 제도를 도입하고 있다면 퇴직금 규정을 명확하게 규정해 놓는 것이 어떨까? 예를 들면, 각 자격의 체류 연수 1년에 몇 점 하는 식으로 정하여 퇴직 시까지의 합계 점수에 일정한 금액(단가)을 곱하는, 이른바 점수 방식이다. 이 방법으로 하면 기본급과 퇴직금은 분리되기 때문에 승급으로 인해 퇴직금 계산이 달라지지는 않는다. 그 대신 자격 제도의 운용, 특히 승급에 대해서는 세심하게 신경을 쓸 필요가 있고, 단가를 정기적으로 개정하지 않으면 안 된다. 임금 인상이 있으면 자동적으로 퇴직금에 영향을 미치는 시스템은 이제 재고되어야 할 것이다. 그보다는 자격 제도를 만들어 그 운용을 세심하게 하는 것이 사원들에게 안정감을 준다. 퇴직금 제도는 기업 연금과 비교하여 잘 생각해 보아야 할 것이다.

▥ 급여 체계를 확립하라

사원이 가장 관심을 갖는 것은 급여이다. 그것도 극단적으로 말하자면 급여 수준이 문제로, 아무리 회사 내용이 좋다고 해도 급여 수준이 낮으면 불평불만의 원인이 된다. 많은 급여를 지불하기 위해서는 그에 상응하는 실적이 있어야 한다. 그러므로 총 인건비는 낮고 각 개인의 급여는 높은 것이 가장 바람직한 모습이다. 이를 실현하기 위해서는 1인당 생산성을 높이지 않으면 안 된다. 한국식 경영의 특징인 연공서열제는 급속히 붕괴되고 있으나 그래도 급여는 대부분 연공에 의해 결정된다. 아무리 능력이 있고 실적이 좋아도 20세의 젊은이에게 1,000만 원의 월급을 지불하는 회사는 특수한 경우를 제외하고는 없을 것이다. 또 40세의 사람에게 대졸 신입사원 수준의 급료밖에 지불하지 않는 경우도 없을 것이다.

앞으로 급여 체계는 인재의 채용, 유능한 사원에 대한 동기부여를 위해 중시하지 않으면 안 된다. 이를 위해 생각할 수 있는 것으로서는 연봉제의 채용, 일의 난이도에 따른 직종별 급여로의 전환, 성과 배분의 중심을 높이는 것, 연공의 중요도를 낮추는 것 등을 감안한 급여 체계이다. 극단적으로 말하자면 연령이나 연공과는 상관없이 실적을 올린 사람에게 높은 급여를 지불하는 시스템이다. 말하자면 동일 성과, 동일 능력, 동일 임금이다. 생각은 그렇더라도 오랜 사회적 관행 때문에 연공을 완전히 무시할 수 없는 것이 현실이다. 그렇기 때문에 각사에서는 연령급(給)을 도입하면서도 그 비율을 낮추어 45세부터 50세까지 승급은 중지한다는 생각을 강하게 주지시킨다. 보통 연령급과 직능급, 제 수당의 합계가 급여이다. 최근에는 매월 지급되는 급여는 생활급적인 성격이 강하기 때문에 그리 큰 차는 없게 하고, 업적에 따라 상여금에 차이를 두는 방법이 대기업, 중소기업을 막론하고 많이 채택되고 있는 방법이다.

⊪ 계획 수행을 체크하기 위한 시스템을 구축하라

관리는 계획(plan), 행동(do), 예견(see)이 기본이므로 계획을 반드시 달성하기 위해서는 그 수행 상황을 언제나 체크할 필요가 있다. 체크함으로써 문제점이 드러나고, 그것이 효과적인 행동으로 연결될 수가 있다. 따라서 문제점을 발견하여 효과적인 대책을 세우고, 재빨리 행동으로 옮기는 것이 체크 시스템에 의해 이루어지지 않으면 안 된다.

유효한 체크 시스템을 확립하는 것은 계획 달성을 위해 반드시 필요하다. 그중에서도 체크의 중심이 되는 것이 경영 계획의 추진 상황이다. 영리를 추구하는 회사일 경우 계획을 완전히 달성하는 것이 최고의 경영 목적이기 때문이다. 이를 위해 회의를 소집하여 사전에 문제를 발견하려는 노력을 하든가, 필요한 자료를 빨리 작성하여 문제점의 조기 해결을 가하는 것이 필요하다.

중소기업에서 자주 이루어지고 있는 체크 시스템을 중심으로 어떻게 하면 효과적인 체크가 가능할 것인가를 생각해 보자. 사장은 경영 계획의 추진 상황을 항상 점검해야 한다. 경영 계획이 순조롭게 수행되고 있는가의 여부가 회사 경영에 있어 가장 중요한 일이다. 사장은 언제나 신경을 써서 수행 상황을 체크하지 않으면 안 된다. 특히 매월 매출이나 영업 총이익, 경비 등에 대해 목표와 실적의 차이를 주의할 필요가 있다. 필요에 따라 담당 책임자를 불러 차이가 나게 된 원인, 앞으로의 만회책 등을 체크한다. 문제점은 무엇이고 대응책은 무엇인가를 충분히 확인하여 불충분한 점은 사장 스스로 지시하여 보다 좋은 방향으로 이끌어 준다. 이것이 사장의 중요한 업무이기도 하다.

예상되는 문제점에 대해 사전에 대책을 수립하는 것 또한 계획 달성을 위해 매우 중요하다. 경영 계획의 수행 상황은 우선 사장이 중심이 되어 체크하는 것이 포인트이다. 이에 따라 문제점의 조기 발견과 조기 대책 수립으로 계획 수행은 순조롭게 될 것이다. 예를 들어 T사는 사장실에 계획 수행 상황을 색깔별로 나타낸 표가 붙어 있다. 계획대로 진행되는 항목은 녹색으로, 조금 위험한 것은 노란색, 잘 안 되는 것은 적색으로 표시되어 있다. 어떤 부서의 어떤 사항이 불충분하게 실행되고 있는가를 금방 알 수 있다. 적색이 많은 담당 책임자는 사장으로부터 상황 체크를 받는 것이 기본이다. 이 밖의 체크 방법으로는 회의에서의 체크, 실적 자료에 근거한 체크, 예산 통제의 제도화 등의 방법이 있다. 그러나 작은 회사에서 가장 중요한 것은 사장 스스로가 숫자의 내용을 충분히 파악하여 엄격히 체크해야 한다는 것이다.

ⅢⅢ 관리 자료를 제대로 활용하라

회사에는 여러 가지 자료가 있다. 자료는 보기 쉽게 제대로 만들어야 한다. 20일 마감의 매출액 실적을 그날 알 수 없으면 안 된다. 늦어도 다음 날까지는 실적을 알 수 있도록 해야 한다. 사장도 부장도 과장도 자료를 보면서 상황을 판단하는 것이다. 지금은 컴퓨터가 보급되어 작은 회사에서도 컴퓨터를 사용하게 되었다. 그러나 잘못된 자료를 지적당하면 컴퓨터의 실수라고 핑계 대는 사람이 있다. 그러나 컴퓨터는 실수를 하지 않는다. 사람이 실수하여 입력 데이터를 잘못 넣었기 때문에 틀린 숫자가 나오는 것이다.

따라서 사장에게는 어떤 정보가 좋은가, 부장에게는 어떤 정보가 필요한가 등을 시스템 설계 시 충분히 검토할 필요가 있다. 컴퓨터는 계속해서 데이터를 내놓는다. 대개는 데이터를 활용하지 못하고 산더미 같은 종이 쓰레기를 만드는 경우가 많다.

자료에는 우선 목적에 맞는 내용이 들어가야 한다. 이것이 제대로 되어 있지 않으면 아무리 다른 좋은 점이 있어도 소용이 없다. 경영에 도움이 되도록 활용할 수 있는 자료를 만드는 것이 중요하다. 작은 회사에서도 필요하다고 생각되는 주요 관리 자료로는 매출 일지, 월별 결산서, 자금 조달 계획서, 생산 실적표, 구매 실적표, 클레임 보고서, 경비 일람표, 재고 일람표, 출장 보고서, 영업 일지 등이다. 물론 이 밖에도 여러 가지가 있다. 사장은 회사 전체를 보며 균형 잡힌 경영을 하는 것이 중요하며, 작은 회사일수록 세심한 것까지 신경을 쓸 필요가 있다.

▒▒▒ 예산 통제를 제도화한다

예산 통제란 주로 비용을 예산화하고 예산 범위 내에서 처리하고자 하는 여러 가지 수단을 총칭하는 것이다. 간단히 말하자면 예산 범위 내에서 돈을 쓰는 것이다.

우선 일반 관리비와 판매비의 예산화(제조업체라면 제조 경비도 포함된다.)가 문제가 된다. 비용 중에서도 특히 관리 가능비가 통제의 중심이 된다. 관리 가능비란 노력 여하에 따라 통제가 가능한 비용이다. 인건비나 임차비와 같이 이미 결정된 비용은 현상을 변화시키지 않는 한 삭감해서는 안 된다. 그러나 여비나 교제비, 통신비, 광열비 등은 하기에 따라 절약할 수가 있다. 이러한 비용은 총칭하여 관리 가능비라고 한다. 물론 관리 불가능비라고 하는 것도 예산화할 수 있음은 물론이다. 그러나 작은 회사에서는 여비, 교제비, 통신비, 광열비와 같은 항목이 통제의 주요 대상이다.

관리 가능비에 대해서는 회계연도 초에 예산을 짜고 매출의 증감에 따라 늘리거나 줄이거나 하면 된다. 영업 총이익이 생각처럼 올라가지 않을 때에는 관리 가능비를 줄여서 이익을 높이는 노력을 해야 한다. 제일 손을 대기 쉬운 비용이 관리 가능비이며, 관리 불가능한 비용에 칼을 댈 때는 대개 경영이 어려운 상태일 때다. 예를 들어 퇴직 희망자를 모집하는 사태는 관리 불가능한 비용을 근본적으로 삭감하려는 것이기 때문에 보통의 경영 상태는 아니다. 비용의 예산화, 관리 가능비를 중심으로 한 관리 등 극히 초보적인 것이 작은 회사의 예산 통제의 내용이 된다.

▥ 사장과 사원의 일대일 견제 시스템을 구축하라

사장이 직원과 개별적으로 얼굴을 맞대고 하는 업무의 체크 효과를 최대한으로 높인다. 보이지 않는 견제라고나 할까? 이상한 행동을 하면 반드시 누군가로부터, 혹은 사장으로부터 체크받는다는 심리적인 견제가 가장 효과가 있다. 이를 위해서는 언제나 사장이 일대일로 사원과 대화할 필요가 있다. 어떤 문제점이 있을 때 반드시 사장으로부터 체크받는다고 모두가 느끼고 있으면 이상한 일을 하지는 못할 것이다. 정신적인 면에서 직원이 이와 같은 상태라면 견제 시스템은 훌륭하게 움직이고 있다고 해도 좋을 것이다.

눈에 보이는 제도와 눈에 보이지 않는 제도가 조화를 이루는 것이 중요하다. 아무리 훌륭한 제도라도 반드시 어딘가에 빠져나갈 길이 있기 때문에 그러한 구멍을 막는 것이 심리적 견제 시스템이다. 따라서 사내에 견제 시스템을 운용하여 사원이 샛길로 빠지지 않도록 해야 한다. 그리고 보다 필요한 정보를 많이 얻기 위해서라도 사원과 직접 무릎을 맞대고 이야기할 필요가 있다. 때로는 포장마차에서 한잔하면서 기염을 토하는 것도 필요하다. 작은 회사에서는 사장과 사원이 피부를 맞대면서 일체감을 강하게 느껴야만 직원이 일할 의욕을 갖는다.

회사라는 이름으로 직원과 사장은 만난 것이며 한 몸인 것이다. 서로 견제를 한다는 것은 서로 의심하기 위해서가 아니라 서로 신뢰를 구축하기 위한 조건이다. 회사는 사장의 것이 아닌 직원 모두의 것이다. 그런 회사는 외부에 의해 망해도 직원과 사장은 망하지 않는다. 언제든 다시 회사를 세울 수 있는 것이다.

부 록

1. 법인설립을 하려면 알아야 할 상식

주식회사의 설립 절차에서 가장 먼저 해야 할 것은 상호, 즉 회사 이름을 짓는 것이다. 회사 이름은 같은 지역 내에서 같은 목적으로 설립할 때 유사하거나 같은 상호를 등기할 수 없다. 그렇기 때문에 유사한 상호 유무를 사전에 조사하지 않으면 안 된다. 유사상호 조사 방법은 대법원 사이트에서 검색이 가능하다. 그 밖에 은행법이나 보험업법 등의 법령으로 사용을 금지하고 있는 상호는 등기가 인정되지 않는다. 회사명을 결정할 때 이와 같은 사항에 충분히 유의하도록 한다.

정관(定款)이란 회사 설립 절차상 가장 중요한 서류로서 주식회사의 정관에는 다음 사항이 반드시 기재되어야 한다.

① 목적 ② 상호 ③ 회사가 발행할 주식의 총수 ④ 액면가 주식을 발행할 때 1주의 금액 ⑤회사 설립 시 발행하는 주식의 총수 ⑥ 본점의 소재지 ⑦ 회사 공고 방법 ⑧ 발기인 이름 및 주소 등이다.

보통 설립 의사결정이 완결되어 구비 서류를 법무사에 의뢰, 제출하면 이틀 뒤면 설립할 수 있기 때문에, 정관 작성과 공증인에 의한 정관 인증(認証), 등기 신청에서 수리(受理) 확인까지의 기간이 얼마나 걸리느냐에 따라 설립 기간이 결정된다. 상업등기를 전문으로 하는 법무사는 이 모든 것을 잘 챙겨 빨리 일을 처리한다. 그러나 요즘은 인터넷으로 법무사에게 의뢰하지 않아도 설립하는데 어렵지 않다. 필자는 법무사에게 의뢰를 하였지만 요즘 젊은이들인 직접 법인설립을 해보는 것을 추천한다. 직접 법인을 설립하면서 많은 것을 배우게 되고 또한 법무사 비용도 절약되니 일석이조라 할 수 있다.

주식회사 설립을 위한 등기 신청에는 다음과 같은 서류가 필요하다.

① 설립 등기 신청서 ② 정관 ③ 주식의 인수를 증명하는 서면 ④ 주식 청약서 ⑤ 발기인이 정한 주식 발행 사항을 증명하는 서면 ⑥ 이사나 감사 또는 검사인의 조사 보고서와 그 부속서류 ⑦ 검사인의 보고에 관한 재판이 있을 경우 재판기록의 등본 ⑧ 발기인이 이사와 감사를 선임한 경우 이에 관한 서면 ⑨ 창립총회 의사록 ⑩ 대표이사에 관한 이사회 또는 주주총회의 의사록 ⑪ 주금 납입을 맡은 은행이나 기타 금융기관의 납입 보관에 대한 증명서 등이다.

회사 개요가 결정되면 필요한 서류 작성이나 법적 수속은 인터넷에서 검색하면 자세하게 나온다. 또한, 법무사에게 의뢰 시 알아서 해주기 때문에 초보적인 지식만으로도 별 지장이 없다. 그보다 출자액은 얼마로 하고, 지분 비율은 어떻게 하고, 이사나 감사에 누구를 앉힐 것인가가 더 중요하다.

주식회사의 회사 운영의 주체가 대부분을 담당하지 않으면 잘 굴러가지 않는다. 사장의 지분이 50% 이하여서 분쟁이 끊이지 않아 모처럼 커가는 회사가 순식간에 적자로 전락하는 경우도 많다. 이런 일로 사내 결속이 흐트러지는 문제가 생기지 않도록 한다.

또한, 회사 운영에 있어서 매출을 올려 모든 경비를 지불하고도 이익이 남도록 해야 한다. 사람을 고용하면 급여, 복리후생비 등 기타 경비가 많이 들고, 일할 만하면 그만둘지도 모른다. 또 흑자를 내면 세금으로 많은 부분이 지출된다. 그렇기 때문에 회사 경영이 결코 쉬운 일만은 아니다.

회사를 만든다고 한다면 거의가 주식회사일 것이다. 그러므로 회사에는 이사와 감사가 필요하다. 이사는 회사 경영에 책임이 있기 때문에 경영 능력이 있는 사람을 선출해야 한다. 상근 이사는 업무 수행 능력이 있고 사장과 긴밀하게 협력하여 회사 발전에 기여하는 사람이다. 따라서 이사로 임명한다는 것은 일할 의욕이나 책임감을 강하게 자극하는 것이다. 비상근 이사는 경영에 대한 경험이 풍부하고 견식이 뛰어난 사람을 선출한다. 사장의 독주를 견제하는 의미에서도 비상근 사외(私外) 중역을 활용하는 것이 좋다. 감사는 경리에 대한 지식이 있어 대차대조표나 손익계산서를 볼 줄 아는 사람이어야 한다. 단지 도장만 찍는 감사라면 있으나 마나이다. 감사의 엄격한 체크를 받아 이를 경영에 반영해야만 균형 잡힌 성장이 가능할 것이다. 그러나 이 모든 것은 회사가 제대로 운영되는 경우와 충분한 자본금과 구성원이 결성되었을 경우이고, 창업단계에 법인설립의 준비라면 사장의 혈연관계인 형제나 가족을 이사나 감사에 선임하는 경우가 있는데 초기 설립 시 정족수가 모자라서 선임한 것이라면 괜찮다고 본다. 초기에 서류상 이사들의 인감증명서를 제출하는 경우가 많고, 인감도장을 사용하는 경우도 많아 사장을 믿어줄 지인이나 가족을 이사나 감사로 선임하는 게 좋다.

또한, 이사와 감사의 보수로 얼마를 주어야 하는지 고민하는 사람도 많다. 상법에서는 정관에 정해져 있지 않을 경우 주주총회의 결의에 의한다고 되어 있다. 실무적으로는 주주총회의 이사회와 감사별로 보수 총액을 정하고, 이사 개개인의 보수는 총액 범위 내에서 이사회 또는 대표이사의 일임 하에 결정한다. 감사는 두 명 이상일 경우 감사의 협의 하에, 한 명일 경우 자신이 결정한다.

그러나 현실적으로는 사장이나 대표이사의 입김이 아직도 강하게 작용한다. 이사라도 사용인(使用人)으로서 일할 경우에는 이사와 사원이라는 두 가지 역할을 떠맡게 된다. 본인의 수입은 이사분과 사원분의 합계 금액이 된다. 그러나 책임 있는 이사, 즉 상무나 전무가 되면 총무부장을 겸임한다 하더라도 사용인으로 인정되지는 않는다.

따라서 매달 급여는 전액 임원 보수로 계산하지 않으면 안 되고, 상여금은 이익처분금만으로 지급된다. 평이사인 경우 상여금은 사원인분으로 지급된다. 각 회사 모두 평이사는 사원인분 비중이 압도적으로 높고 이사로서의 보수는 총급여의 10%~20% 정도밖에는 되지 않는다.

비상근 이사는 경우에 따라서 무보수, 추석이나 연말에 얼마간의 금액을 지급하는 등 천차만별이다. 감사도 대개 비슷하다. 상근이건 비상근이건 보수액은 회사의 지불 능력에 따라 다르기 때문에 일괄적으로 이야기할 수는 없다. 같은 업종 같은 규모의 회사를 조사하여 참고로 하고 자사의 지불 능력을 감안하여 결정한다. 이 또한 회사가 발전하고 성장하였을 경우이기에 설립 초기에 이런 걱정을 할 필요는 없다.

요즘은 주주구성원이 1인 기업을 1인 사내이사로 주식회사를 설립하는 경우가 많다. 예전에는 기본자본금 제도가 있었으나 지금은 1원짜리 법인도 설립이 가능하다. 자본금의 규제가 없어졌고 또한 이사 구성원도 1인으로 하여도 무방하다. 자본금이라는 것은 추후 증자를 하면 되기 때문에 굳이 무리하여 설립자본금을 높게 할 필요는 없다. 그러나 상업등기는 누구나 열람이 가능하기에 회사의 기본 자본금 제도는 없어졌으나 회사의 규모를 파악하는 척도가 되기에 최소 자본금은 회사를 설립할 정도의 자본금으로 등기설립하는 게 좋다. 기본 자본금 제도가 없어졌다고 자본금을 너무 적게 만들어 놓으면 거래처가 회사의 재무구조에 의심이 가기 때문이다.

또한, 경영권을 지킨다고 주식을 100% 대표이사나 사내이사가 보유하는 경우가 많은데, 의결권 방어 차원에서 51%만 가지고 있어도 가능하니 굳이 주식 전체를 보유하기보다는 나머지 주식은 투자를 받는 것이 좋고 51%의 주식도 믿을 수 있는 가까운 혈연이나 지인에게 나누는 것도 괜찮은 방법으로 권하고 싶다. 왜냐하면, 과점주이며 대표이사 또는 사내이사는 추후 민사적인 책임을 지는 경우도 생기기 때문이다. 회사가 부도 날 시 채무를 면탈하기 위해서 악덕 사업주가 쓰는 방법이기도 하지만 때론 고의가 아닌 회사가 정상적으로 운영하였어도 거래업체의 부도로 인하여 운영하던 회사가 연쇄 부도가 나는 경우도 있기 때문이다. 또한, 회사를 키워 자녀들에게 상속을 하여 주기 위해서 초기 자본금이 적을 때 자녀들에게 주식을 준다면 추후 회사가 커졌을 때 상속세를 절감하는 효과가 있기 때문이다. 많은 기업이 초기의 회사의 규모가 작고 자본금이 적을 때 자녀나 가족들에게 주식을 나누는 경우가 이런 경우이다. 회사의 경영권도 지키고 추후 회사가 발전하면 주식의 가치가 상승하여 자녀나 가족들에게 상속이 용의하기 때문이다.

2. 사장이 꼭 알아야 할 채권 소송 실무

옛말에 송사 좋아하는 자 송사로 망한다는 말이 있다. 송사는 피하는 것이 좋다. 정말이다.

소송은 물적 심적으로 힘든 일이므로 될 수 있으면 피하는 것이 좋다. 부득이 소송을 할 경우면 변호사 등 전문가의 도움을 받아 신속히 해결책을 모색해야 한다. 건달 등을 이용하는 것은 돌이킬 수 없는 범죄를 저지르는 것이다. 다음은 꼭 소송밖에 방법이 없다고 생각될 때 필요한 필자의 실무경험 소송 실무로 참고하시고 소송 전에는 변호사와 상담하시길 바란다. 일부 비용과 법률은 변경될 수 있음을 양지하시기 바란다.

≡ 소송 전 증거부터 준비해야 한다

보통 재판이라고 하는 것은 담당 재판관이 본인의 주장을 믿게 하기 위하여 상대와 서로 싸우는 것이라고 생각하면 된다. 그러기 위해서는 판사가 믿을 수 있는 증거를 제시하여야 한다. 언제나 증인보다는 증서를 판사는 더 믿는다. 그러므로 타인과의 거래 시 증서를 챙기는 것이 후일 다툼이 있을 시 유리한 입장에 먼저 서게 되는 것이다. 증거로 할 수 있는 것은 차용증, 영수증, 무통장입금증, 현금보관증, 확인서 등은 대여금에 관계되는 것이고, 사실확인서, 약정서, 현금보관증 등은 약정금의 경우 약정내용을 증명할 수 있는 것이다. 체불임금확인서를 받아 두면 임금을 못 받아 소송하는 경우에 도움이 되고, 경찰서에서 교통사고 사실확인원을 받아 두어 치료비 등을 청구할 수 있다. 거래장, 물품공급계약서 등은 물품대금에 대한 재판시 이용할 수 있다. 임대차 계약서는 임차보증금반환 소송 시 필요하다. 그 외에도 언제나 증인보다는 증서를 중요시 여기므로 꼼꼼히 챙겨 그런 내용의 증거를 가지고 있는 것이 좋다.

≡ 민사소송이란?

법원이 분쟁당사자 사이에 개입하여 분쟁을 조정, 해결해 주도록 되어 있는데 그 절차를 민사소송이라 한다.

≡ 원고와 피고란?

소송을 먼저 제기하는 사람을 원고, 당하는 사람을 피고라고 한다. 그러므로 원고가 피해자고, 피고가 가해자란 뜻은 아니다.

≡ 어느 법원에 소송을 제기하여야 하나?

원칙적으로 피고의 주소지를 관할하는 법원에 소송을 제기하여야 한다.

그러나 편의 등을 위하여 여러 가지 예외가 인정되고 있다.

≡ 민사소송을 제기하는 법원은?

민사소송은 소장을 작성하고 인지를 붙여서 관할 법원에 제출하면 되는 것이다.

다만, 소송 위임장과 같은 부속서류를 첨부하여야 할 때도 있다.

≡ 민사소송의 진행과정은?

가. 피고에게 알림

나. 변론기일의 지정 및 소환

다. 주장, 답변 및 항변

라. 입증

≡ 소송절차의 종료는?

가. 종국판결

법원이 심리를 완료한 때에는 변론을 종결하고 보통 2주 후 판결을 선고한다.

나. 소의 취하

원고가 판결 확정 전에 소를 취하하는 때에는 소송은 종결된다.

≡ 상소란?

가. 항소

1심에서 패소판결을 받은 사람은 판결을 송달받은 날로부터 2주 이내에 불복할 수 있다.

나. 상고

항소심의 판결에도 불복이 있으면 판결 송달일로부터 2주 이내에 한다.

≡ 확정과 강제집행이란?

당사자는 판결이 확정된 경우에는 소송기록이 있는 법원에서 판결확정증명을, 확정 전 판결 중 가집행 선고가 붙은 판결인 경우에는 판결정본송달증명을 받고, 판결에 집행문을 부여받아 이를 채무명의로 하여 강제집행함으로써 소송의 목적을 달성하게 된다.

≡ 가압류·가처분이란?

가압류란 금전채권이나 장차 금전채권으로 될 수 있는 청구권에 관하여 후일의 강제집행을 보전하기 위한 임시조치이고, 가처분이란 분쟁의 대상이 되고 있는 물건에 대하여 후일의 강제집행을 보전하기 위하여 임시로 행하는 처분을 말한다(그 외에 임시의 지위를 정하는 처분도 있다). 가압류·가처분은 종국적인 판결 즉 승패가 날 때까지의 임시조치이므로 앞에 '가' 자를 붙인 것이고, 채권자의 신청만을 가지고 법원이 단시일 내에 결정을 내리는 것이 보통이다. 대부분의 경우 가압류, 가처분에 앞서 담보를 제공하게 하는데, 신청인은 법원의 허가를 받아 보증보험회사와 지급보증위탁계약을 체결한 문서를 담보로 제공할 수 있다.

≡ 보전절차의 필요성은?

채무자가 빚을 갚을 능력이 있으면서도 있는 재산을 전부 처분한 후 빚을 갚지 않으려고 하거나 주택을 매수하여 잔금까지 지불했는데도 집을 판 사람이 다시 그 집을 다른 사람에게 판 후 도망가려고 하는 경우가 있을 수 있다. 이러한 경우 채권자가 소송을 제기하여 승소한 뒤에 그 판결의 확정을 기다려 집행을 하기까지는 많은 시간이 걸리게 되고, 그사이에 채무자가 그가 가진 재산을 모두 처분하는 경우에는 채권자가 재판에 이기고도 집행을 하지 못하여 많은 손해를 입게 된다. 이와 같이 채권자의 권리를 확보하기 위하여 재판 확정 전에 채무자가 그의 재산을 처분하지 못하도록 임시로 채무자가 재산을 묶어두는 절차가 가압류·가처분이다.

≡ 가압류·가처분의 종류는?

가. 부동산 가압류

채무자의 특정 부동산(토지, 건물)을 함부로 처분할 수 없도록 가압류한다.

나. 유체동산 가압류

채무자의 유체동산(냉장고, 텔레비전 등)을 함부로 처분할 수 없도록 가압류한다.

다. 채권 가압류

채무자가 다른 사람으로부터 받을 돈을 받지 못하도록 채권을 가압류한다.

라. 부동산점유이전금지 가처분

채무자가 분쟁의 대상이 된 부동산의 점유를 다른 사람에게 이전하지 못하도록 한다.

마. 부동산처분금지 가처분

채무자가 분쟁의 대상이 된 부동산을 매매, 양도하는 등의 처분을 못 하도록 한다.

≡ 유의사항은?

이와 같은 가압류·가처분은 신속히 처리되므로 많이 이용되고 있으며, 가압류·가처분만으로도 소송까지 가지 않고 분쟁이 해결되어 버리는 일이 자주 있어 많이 이용되고 있다.

그러나 그 신청방법이나 신청 후의 조치, 상대방 채무자의 이의 등으로 법률상 어려운 일이 많이 있으므로 가압류·가처분은 대단히 좋은 제도이기는 하나 전문가인 변호사에게 의뢰하여 처리되도록 하는 것이 바람직하다.

≡ 공무상 무효표시죄란?

형법은 공무원이 그 직무에 관하여 실시한 강제처분을 보호하기 위하여 이를 침해하는 행위를 처벌하고 있다. 예를 들면, 집행관이 가압류한 물건을 처분한 경우 또는 물건에 붙여 놓은 가압류 표시가 기재된 종이쪽지를 찢어버린 경우, 출입이 금지된 압류표지를 무시하고 토지에 들어가서 경작을 한 경우 등이 이에 해당된다.

또한, 사무실을 압류하되 채무자로 하여금 현상을 유지하는 것을 조건으로 그 사용이 허용되었는데 채무자가 이를 무시하고 오락실로 개조하여 사용하는 경우 등도 처벌을 받게 된다.

≡ 소액사건이란?

소액의 민사사건을 간이절차에 따라 신속처리하기 위한 민사제도로 소송물가액이 2,000만 원 이하의 민사사건을 말한다.

≡ 소액사건 심판의 특징은?

가. 소장 접수 즉시 피고에게 소장이 송달되는 등 신속히 처리된다.

나. 제1회의 변론기일로 심리를 종결하는 것이 원칙이다.

다. 배우자, 직계혈족, 형제자매, 호주는 법원의 허가 없이 소송대리인이 될 수 있다.

≡ 기타 상식은?

법원에 양식이 비치되어 있으며, 인지를 붙여야 하며 송달료도 납부하여야 한다.

– 소액심판 신청 시 준비할 것
임대차 계약서 사본, 도장, 소장(법원 비치)

비용: 인지대, 송달료는 청구금액이 2,000만 원일 때 인지대 9만
5,000원, 송달료 2만 2,600원

≡ 공탁이란(변제 공탁)

갑이 급전으로 을에게 돈을 빌렸는데 상환기일에 돈을 갚으려고 하
는데 을이 행방불명으로 돈을 갚을 수 없고, 이자는 계속 늘어간다.
이와 같은 문제를 해결하기 위하여 공탁이라는 제도가 존재하는 것
입니다. 하지만 사채업자와 금전 거래를 할 경우 채권자의 행방불명,
무성의 등으로 변제기에 채무변제를 하지 못해 당황하는 경우가 가
끔 있을 수 있습니다.

즉, 갑은 채권자 을이 정당한 이유 없이 돈을 받지 아니할 경우 을
의 주소지를 관할하는 법원에 변제의 목적물인 채무원금과 그때까지
발생한 이자를 공탁함으로써 을에 대한 채무를 면할 수 있고, 본 계
약에 부수된 저당등기 말소 등을 할 수 있습니다.

이와 같이 공탁이란 법령의 규정에 따른 원인에 기하여 금전·유가
증권·기타의 물품을 국가기관(법원의 공탁소)에 맡김으로써 일정한 법
률상의 목적을 달성하려고 하는 제도이다.

≡ 변제공탁 필요한 서류

주민등록등본, 증명서(법정대리인, 대표자), 위임장, 공탁통지서(피공

탁자 수), 공탁자·피공탁자 기재된 봉투, 우표(피공탁자의 1인당 등기우편료)

≡ 민사소송을 제기하는 방법

민사소송은 소장을 작성하고 인지를 붙여서 관할 법원에 제출하면 되는 것이다.

다만 소송 위임장과 같은 부속서류를 첨부하여야 할 때도 있다.

가. 소장의 기재사항

- 원고, 피고의 주소. 성명이 명확히 기재되어야 한다(전화번호와 우편번호도 기재하는 것이 좋다).

  피고가 있는 곳을 알 수 없을 때에는 소명자료를 첨부하여 공시송달을 신청할 수 있다.

- 청구취지를 특정하여 기재하여야 한다. "피고는 원고에게 돈 천만 원을 지급하라."라는 식으로 원고가 판결을 통하여 얻어내려는 결론을 기재하여야 한다.

- 청구 원인을 기재하여야 한다. "원고는 2000. 1. 1. 피고에게 돈 천만 원을 빌려주었으나, 피고는 이를 갚지 않고 있다."라는 식으로 판결을 구하게 된 원인이 무엇인가를 구체적으로 기재한다.

나. 인지의 첨부 또는 현금 납부

- '소송물 가액×5/1000' 상당의 인지를 붙이거나 은행에 현금으로 납부하여야 한다. 첨부해야 할 인지액이 20만 원을 넘는 때에는 현금으로 납부하여야 한다.

다. 피고의 수만큼 소장부본을 만들어 함께 제출하여야 한다.

라. 송달료의 예납

- 피고가 1명인 경우를 기준으로 하여, 소액사건에서는 17,600
  원(1회분 1,760×5회분×2인),

  단독사건에서는 28,160원(1회분 1,760×8회분×2인),

  합의사건에는 35,200원(1회분 1,760×10회분×2인)의 송달료를
  미리 은행에 납부하여야 한다.

≡ 민사소송의 진행

가. 피고에게 알림

민사소송이 제기되면 재판장은 소장부본을 피고에게 송달하여
피고를 상대로 어떠한 소송이 제기되었는가를 미리 알려 준다.

나. 변론기일의 지정 및 소환

그 후 재판장은 사건이 접수된 순서에 따라 변론기일을 정하여
원피고를 소환한다.

법원에 따라 사건이 폭주하여 변론기일이 지정될 때까지 다소
시간이 걸리는 수도 있다.

다. 주장·답변 및 항변

- 변론기일에 원고는 먼저 "돈 천만 원을 빌려주었다."라는 사
  실을 주장하고, 피고는 이에 대하여 "빌린 사실이 있다(자
  백)." 또는 "없다(부인)."라는 식의 답변을 한다.

  주의할 점은 대답을 하지 않으면(침묵) 자백하는 것과 같이
  취급되고, 모르겠다(부지)고 하는 것은 부인하는 것으로 취급
  된다는 것이다.

- 그 외에 피고는 "돈 빌린 사실이 있으나(자백) 그 후에 갚았다 또는 빚으로 상계했다."라는 식으로 새로운 사실을 내놓을 수도 있는데, 이를 항변이라 하고 그 항변에 대하여 원고는 자백 부인 등의 답변을 하여 소송이 진행되는 것이다.
- 이러한 주장, 답변 등은 원피고가 변론기일에 출석하여 구두로 하는 것이 원칙이나 서면으로 제출할 수도 있는데 이를 준비서면 또는 답변서(피고의 최초 준비서면)라고 부른다. 실제로는 소송상의 주장, 답변 등은 간단한 것을 제외하고는 미리 서면으로 준비하여 이를 제출하는 것이 좋다.

라. 입증

- 주장 또는 항변 사실에 대하여 상대방이 부인(또는 부지)하면 주장 또는 항변을 한 자가 이를 입증하여야 한다. 누가 입증할 책임이 있느냐 하는 것은 중요할 뿐만 아니라 매우 어렵고 복잡한 문제이다.
- 입증을 하는 방법은 제한이 없으나 서증, 증인신문, 검증, 감정, 당사자 본인 신문 등이 특히 많이 쓰이는 방법이다.

마. 변론기일 불출석에 따른 불이익

- 의제자백: 원피고 중 어느 한쪽이 소환(공시송달 제외)을 받고도 불출석하면 출석한 쪽이 주장하는 사실을 자백한 것으로 간주되기 때문에(다만 불출석하더라도 준비서면으로 써낸 답변은 인정된다.) 불리한 판결을 받을 가능성이 매우 크다.
- 쌍불취하: 쌍방이 모두 2회에 걸쳐서 적법한 소환을 받고도 불출석하거나 변론을 하지 아니한 때에는 그 후 1개월 이내에 기일지정 신청을 하지 아니하면 소가 취하된 것으로 간주한다.

≡ 소송절차의 종료

가. 종국판결

　법원이 심리를 완료한 때에는 변론을 종결하고 보통 2주 후 판결을 선고한다.

나. 소의 취하

　원고가 판결 확정 전에 소를 취하하는 때에는 소송은 종결된다. 다만 피고가 준비서면을 제출하거나 변론을 한 후에는 피고의 동의를 얻어야만 소를 취하할 수 있다.

다. 그밖에 청구의 포기, 화해 등으로 종료되기도 한다.

≡ 상 소

가. 항소

　1심에서 패소판결을 받았으나 불복이 있는 사람은 판결을 송달받은 날로부터 2주 이내에 항소장을 작성하여 1심법원에 제출하면 판결이 확정되지 않고 항소심에서 또다시 재판을 받게 된다.

나. 항소장에 붙이는 인지액은 1심의 2배이다.

다. 상고

　항소심의 판결에 대하여 불복이 있으면 판결 송달일로부터 2주 이내에 상고장을 항소심 법원에 제출하여야 한다.

　상고장에 붙이는 인지액은 1심의 3배이다.

라. 확정과 강제집행

　당사자는 판결이 확정된 경우에는 소송기록이 있는 법원에서 판결확정증명을, 확정 전 판결 중 가집행선고가 붙은 판결인 경우에는 판결정본송달증명을 받고, 판결에 집행문을 부여받아

이를 채무명의로 하여 강제집행함으로써 소송의 목적을 달성하게 된다.

1) 계약서가 없는 채권채무 관계

가능하면 증인을 2인 이상 확보하거나 증빙자료를 만들어 놓아야 한다. 만약 사정상 증인을 입회시킬 수도 없는 경우라면 거래가 끝난 뒤에 일기장이나 영업일지에 계약의 내용을 상세히 적어둔다(상세히). 그러면 재판장도 그 진실성을 믿게 된다.

채권자취소권: 재산을 다시 반환시킬 수 있는 권리(사해행위 취소권이라고도 함.)

2) 채무자가 재산을 처분할 경우

채권자취소권을 행사하여 채무자의 재산처분을 제시하면 된다.

(사해행위로서 취소의 대상이 되는 경우)

가. 채무자가 부동산 등을 돈으로 바꾸는 것은 시가 상당으로 매도한 것이라도 정당한 변제를 할 생각, 자력만회를 위한 자금을 얻을 생각으로 행하여지지 않은 이상 취소의 대상이 된다.

나. 일부의 채권자에게만 우선적으로 변제하는 것도 그 채무자와 공모하여 다른 채권자를 해할 의사로 행하여질 때에는 사해행위가 되어 취소의 대상이 된다.

다. 일부의 채권자에게만 담보를 제공하는 것, 예컨대 저당권을 설정하는 것은 사해행위가 되어 취소의 대상이 된다.

3) 채무자의 재산을 조사하는 방법

가. 부동산: 채무자의 사무소, 공장, 창고 등이 소재지의 시·읍·면 사무소 또는 세무서에서 고정자산 과세대장의 열람신청을 하여 조사 → 등기소에 가서 등기부 열람 신청하여 파악.

나. 자동차: 차량등록 번호와 주민번호, 주소를 알면 원부 신청을 하여 파악할 수 있다.

다. 전화 가입권: 전화국에 가서 전화가입 원부를 열람.

라. 은행예금: 거래은행으로부터 채무자의 거래은행에 조회하여 조사하지만 잔고까지는 정확히 알지 못하는 실정이다.

마. 외상대금: 장부를 보는 것이 가장 정확하지만, 비밀리에 조사하는 것이라면 동업자에게 가서 듣던지 외상거래처에 가서 조사.

4) 거래하기 전 상대방의 신용조사

회사 대표의 주소가 확실한지의 여부와 상대회사와 거래를 하고 있는 거래처의 건실 여부, 은행 거래에서 대표의 이름으로 거래를 하는지의 여부 및 상대방의 신용조사를 하고 나서 거래.

채권의 가압류의 효과

제3 채무자에 대하여 채무자에게 지급금지를 명하는 것이므로 임의변제, 강제집행에 의한 변제의 수령, 채권의 이전행위, 면제, 상계 등 채권을 소멸시키는 행위나 채권의 가치를 감소시키고 또는 조건의 성취를 방해하는 등의 행위를 할 수 없고 이와 같은 사실을 채권자에게 대항할 수는 없다.

강제집행 면탈죄는 현실적으로 민사소송법에 의한 강제집행 또는 가압류·가처분의 집행을 받을 우려가 있는 객관적인 상태 아래, 즉 채권자가 본안 또는 보존소송을 제기하거나 제기할 태세를 보이고 있는 상태에서 주관적으로 강제집행을 면탈하려는 목적으로 재산을 은닉, 손괴하거나 허위로 양도하는 경우에 성립한다.

5. 채무자가 재산을 은닉했을 때의 대책

명의만이 상대방 앞으로 되어 있는데 불과하고 소유권은 여전히 채무자의 것에 변동이 없는 것일 때에는, 채무자 자신은 자기의 소유권을 주장하여 현재 명의인에 대해서 명의를 되돌려 달라고 청구할 권리가 있다. 채무자가 재산을 도피시키면 강제집행 면탈죄가 된다(형법상의 죄).

방법

우선 다시 제3자에게 거듭해서 이전되지 않도록 처분금지가처분을 하고, 소를 제기하여 현재의 명의인으로부터 채권자 대위권을 행사하여 되돌려 받는다.

소멸시효

권리자가 일정 기간 권리를 행사하지 않고 방치한 결과 그 권리가 소멸하는 것을 말한다.

6. 채권이 시효에 걸리는 것을 방지하는 법

시효의 중단절차를 밟으면 되는데 그 종류에는 청구, 압류. 가압류 또는 가처분, 승인의 세 가지 방법이 있다. 보통이 채권은 10년, 상행위에 의해서 발생한 채권은 5년을 원칙으로 하지만 의사·도급인의 채권은 3년, 외상대금 채권·음식 등의 채권은 1년이라고 하는 것처럼 비교적 짧은 기간의 것도 있다. 다만, 이들 10년 미만의 시효기간이 정해져 있는 채권이라도 판결을 받으면 그 시효는 10년이 된다.

가. 청구

소의 제기, 지급명령, 와해를 하기 위한 소환 또는 임의 출석, 파산절차의 참가, 경매의 신청 등이 있다.

나. 압류·가압류·가처분

다. 승인

가장 간단하고 확실한 것으로 통상 서면으로 하지만, 원본의 존재를 인정하고 이자를 지급하는 것이나 변제의 유예를 의뢰하는 서신(내용증명)도 좋은 것으로 생각한다.

위와 같은 중단사유가 발생하면, 다시 시효기간이 진행된다.

7. 대물변제를 받을 때 채무자가 주의할 점

목적물의 권리이전에 필요한 요건, 목적물의 환가의 가능성과 그밖에 다른 채권자로부터 사해행위로서 취소될 위험도 있으며, 또 경우에 따라서 폭리행위로서 무효로 되는 일도 있으므로 이러한 점에 충분한 주의를 해야 한다.

대물변제

채권자와 채무자 간에 본래의 채무에 대신해서 별개의 보상을 함으로써, 채권을 소멸시키는 계약을 말한다.

8. 야반도주한 채무자 재산의 처분

법적 절차를 밟아서 채무자의 재산을 처분하여야 한다. 야반도주를 했다고 할지라도 소유권을 포기한 것은 아니기 때문에 이것을 갖고 온다는 것은 절도로서 도저히 허용될 수 없다. 법률은 자기의 권리를 실현시킬 때는 상대방이 있을 경우 반드시 법원 또는 그 밖에 국가기관의 허가를 받아 처리하도록 규정하고 있다.

9. 채무자가 사기죄가 되는 경우

형사사건이 되기 위해서는 돈을 빌릴 때에 사기성이 있어야 하며, 경찰서나 검찰청에 고소장을 작성하여 제출하면 된다. 채무에 대한 시효는 10년이다. 경찰에서는 민사관계가 처음부터 의도적 사기가 아닌 경우에는 사건에 대해서는 민사불개입의 원칙에 의하여 적극적으로 수사할 것을 보류하기도 한다.

10. 지급명령이란?

금전 대부를 하여 약속기한이 지나도 차일피일 미룰 때 좀 더 강한 수단을 쓰면 될 것 같을 상황에 소송보다 간단하게 끝내는 절차이다. 상대방의 주소를 관할하는 법원에 제출한다. 독촉계·차용증서 같은 대부금의 존재를 증명할 것이 있으면 그 사본을 첨부한다. 참고로 비용은 인지대[차용금×(5/1000)/2]+송달료(₩9,050) 정도가 든다.

공증의 의의

공증은 우리의 중요한 거래에 관하여 증거를 보전하고 권리자의 권리 실행을 용이하게 하기 위하여 사실을 증명하여 주는 제도로써, 이를 이용하면 생활주변에서 생기는 여러 가지 거래나 분쟁을 예방하거나 분쟁 발생 시 유력한 증거로 활용할 수 있고 나아가 재판절차를 거치지 않고 간편하게 권리를 실행할 수도 있다.

공증의 필요성

강력한 증거 확보 및 분쟁의 사전 방지.

공증서류는 민사재판이나 형사재판에서 강력한 증거력이 있으므로 분쟁 발생 시 그 해결에 유리할 뿐만 아니라 이로 인하여 공증을 한 경우 분쟁이 발생하지 않게 되는 효과마저 생긴다. 또한, 신속한 강제집행 가능하여 일정한 금전, 대체물, 유가증권의 지급을 목적으로 하는 법률행위에 관하여 공정증서를 작성하면 지급이 이행되지 않을 경우 복잡하고 번거로운 재판절차를 거치지 않고 공정증서를 작성한 공증사무소에서 집행문을 부여받아 바로 강제집행할 수 있다.

공증의 종류

공증증서의 작성.

공증인이 당사자의 의사 등을 확인하여 그에 관한 서류를 직접 작성하는 것을 말한다. 앞에서 기술한 것처럼 일정한 금전 등의 지급을 목적으로 하는 법률행위에 관하여 공정증서를 작성할 경우 강제집행을 인정하는 문구를 기재하면 약정대로 지급되지 않을 경우 바로 강제집행을 할 수 있게 된다.

사서증서의 인증

당사자가 작성한 서류상의 서명날인이 본인의 의사에 의한 것이 틀림없다는 것을 공증인이 확인하고, 그 사실을 기재하는 것을 말한다. 인증의 경우는 강력한 증거력이 있다는 효과만 있고 공정증서를 작성한 경우처럼 간편하게 강제집행을 할 수 있는 효력은 없다.

공증 준비사항

- 공증을 촉탁하러 가는 사람의 주민등록증이나 운전면허증 등 사진이 붙어 있어 신원을 확인할 수 있는 관공서 발생의 신분증명서와 인장을 지참해야 한다. 법인이 촉탁인인 경우는 대표자의 법인 인감증명서와 법인 등기부등본 또는 초본도 지참

- 대리인에 의하여 공증을 하는 경우는 대리인의 신분증명서와 인장 외에 본인의 인감증명서(발행일부터 6개월 이내의 것)와 위임장 1통을 지참해야 한다.

- 유언공증의 경우는 증인이 2인 필요하므로 유언할 사람과 증인이 같이 공증사무소에 가야 하고, 이때 일정한 사람은 증인이 될 수 없으므로 사전에 공증사무소에 문의하여 알아보고 가는 것이 번거로움을 피할 수 있게 될 것이다.

확정일자의 효력

확정일자는 당해 문서가 확정일자 당시에 존재한 사실을 증명하는 것으로 이러한 확정일자의 본래 취지로 볼 때 그 대상인 증서는 당연히 확정일자 시에 이미 성립하고 있어야 한다.

내용증명우편의 법적 근거와 효력.

법적 근거는 우편법 동시행령, 동 시행규칙에서 정한 사항이며 우체국에서 날인한 소인은 확정일자의 효력이 있다. 내용증명이란 일방이 상대방에 대하여 권리행사의 통지, 의무 이행의 최고 등의 내용을 기재한 서신으로 특별한 서식이나 규정은 없으나 일반적으로 가로 글자 수를 20자 미만으로 하고 세로는 26줄 미만으로 제한한 형식으로 작성한다. 우체국에서 그 내용을 증명하기 위하여 1통을 보존하고 1통은 상대방에게 송달되며, 발송인이 1통을 보관하는 우편물의 일종인데 다만 우체국에서 날인한 소인이 법률상으로 인정하는 확정일자의 효력이 있어 통지서 최고서 등 그 문서의 작성 일자에 공적 증거력이 있는 것이 특징이라 하겠다. 그러나 이러한 내용증명우편으로 상대방에게 일정 기간 내에 그 기재 내용을 이행할 것 또는 회신할 것을 최고하였다 하더라도 그 기간 내에 회신을 해야 하거나 이행할 의무가 생기는 것은 아니며, 그 기간 내 또는 그 기간이 경과하였다 하여 상대방의 주장 또는 최고사실에 대한 인정의 효력이 생기는 것은 아니다. 다만 서로 간의 다툼이 있는 때에 자기에게 유리한 방향으로 사건을 전개하기 위한 증거자료로 사용될 수 있을 뿐, 다툼에 대하여는 거증자 측에서 이를 입증하여야 할 것이나 전술한 거와 같이 우체국에서 어느 사항을 증명하고 기입한 일자, 즉 내용증명의 사문서에 기입한 소인의 확정일자의 효력이 있으므로 내용증명을 받은 상대방이 이를 부인하여도 그와 같은 내용의 서신을 발송한 일자에 대하여는 달리 반증이 없는 한 공증의 효력이 있는 것이다. 이러한 내용증명우편은 보통 거래관계나 계약을 구두로 체결한 후 논쟁이 생긴 경우나 계약서 내용해석에 상호분쟁이 있는 경우 후일 소송에서 자기의 주장 사실 또는 사건을 유리하게 전개하기 위한 준비단계의 일환으로 이용되는 경우가 대부분이다.

지시금지어음의 할인

지시금지어음은 일반어음과 같이 배서의 방식에 의한 양도가 불가능하게 되어 유가증권으로서의 성질을 잃게 되고, 발행인이 가지는 인적 항변 등이 단절되지 않아 은행은 이러한 어음을 할인하지 않는 것이다. 어음의 발행인이 지시금지의 문자 또는 이것과 동일한 의미를 가진 문언을 어음상에 기재한 때에는 소위 지시금지어음으로 되어 일반의 어음과 같은 배서의 방식에 의한 양도가 불가능하게 된다. 이 경우 당해 어음은 어음의 유가증권으로서의 이점을 대부분 상실하고, 오히려 일종의 지명채권의 증서 또는 차용증서와 같은 것으로 변하게 되어 어음으로서의 존재가치를 잃게 된다. 어음법은 이러한 어음의 양도는 지명채권의 양도 방식과 효력으로써만 양도할 수 있다고 규정하고 있다(어음법 제11조2항, 제77조1항).

발행인이 지시 금지한 어음을 상기와 같은 방법으로써 양도받았다고 해서 원칙적으로 발행인이 양도인에게 본래 가지고 있던 인적 항변 등은 단절되는 것이 아니므로 은행은 가능한 한 이러한 어음을 할인하지 않을 것이다.

어음할인과 상법상 자기거래 제한금지

약속어음의 경우 그 발행행위가 이사의 자기거래에 해당되어 그 어음발행행위에 관한 이사회의 승인을 얻어 어음할인을 하여야 할 것이다. 주식회사에 있어서 이사가 자기 또는 제3자의 계산으로 회사와 거래하는 것을 이사의 자기거래라고 하며, 이 경우 이사는 자기의 지위를 이용하여 회사의 이익을 희생시키고 자기 또는 제3자의 이익을 꾀할 염려가 있으므로 상법은 이사의 자기거래 시에는 이사회의 승인을 얻도록 규정하고 있으며, 이 경우 이사회의 승인이 있으면 회사와 거래하는 이사 자신이 회사를 대표하는 경우에도 쌍방대리의 금지에 관한 민법 제124조의 규정을 적용하지 아니한다(상법 제398조). 회사가 이사를 수취인으로 하여 약속어음을 발행하는 경우 동일인이 이사로 되어 있는 두 회사 사이에 약속어음을 발행하는 경우 및 회사가 이사를 피배서인으로 하여 어음에 배서하는 경우 등은 모두 회사가 어음상의 채무를 지는 것이므로 이사의 자기거래에 해당된다. 이러한 이사의 자기거래가 유효하려면 이사회의 승인을 받아야 한다. 이사회의 승인이 없는 거래행위는 회사와 상대방인 이사와의 사이에서는 무효이지만 선의의 제3자에게는 그 무효를 주장할 수 없으며, 이 경우 제3자가 악의라는 사실은 자기거래의 무효를 주장하는 회사가 주장 입증하여야 한다(대판1981.9.8. 80다2511). 또한, 이사의 자기거래 제한은 회사의 이익보호를 목적으로 하므로 자기거래의 무효를 주장할 수 있는 자는 회사뿐이고, 그 상대방인 이사는 스스로 무효를 주장할 수 없다.

할인어음의 분실

은행은 소지인의 입장에서 제권 판결 취득을 위한 공시최고절차를 밟고 필요한 경우에는 발행인이나 배서인에 대한 채권보전조치를 취하여야 한다. 은행이 추심 의뢰받은 어음을 분실하여 고객으로 하여금 지급기일에 어음상의 권리를 행사할 수 없게 하였다면 특별한 사정이 없는 한 고객에게 은행은 어음액면 상당액의 지급책임이 있다.

가. 공시최고신청

은행은 추심 의뢰인으로부터 추심 위임 배서 또는 양도배서를 받았을 것이므로 어음의 최종소지인은 분실자인 은행이 된다. 따라서 공시최고신청도 법리상 은행이 하여야 할 것이다. 다만 현실적으로 공시최고법원이 사실관계의 직접적인 조사까지는 하지 않기 때문에 소구권 행사의 편의 등을 위하여 할인 의뢰인으로 하여금 자신을 최종 소지인으로 하여 공시최고신청을 하게 할 수 있으며, 이러한 제권 판결도 무효가 되는 것은 아니다(대판1980.10.14. 80다1731).

나. 손해배상청구

어음의 추심의뢰 받은 은행이 추심 과정에서 이를 분실한 경우에는 소지인의 입장에서 제권판결을 밟거나 지급기일 경과 전에 공시최고신청을 하여 후에 제권판결을 받아서 소구권 보전절차를 밟는 등의 조치를 하여야 할 것이나, 은행이 이러한 조치를 하지 아니하여 어음을 분실하여 의뢰자로 하여금 지급기일에 어음상의 권리를 행사할 수 없게 하였다면 어음 자체가 무효이거나 발행인이나 배서인 등이 무자력하여 지급기일에 지급불능상태였다는 등 특별한 사정이 없는 한, 의뢰자에게 은행은 어음액면 상당액의 손해배상책임을 지게 된다(대판 74다597,1975.2.10.).

보도된 할인어음의 반환청구

은행은 은행여신거래약관에 따라 부도어음을 계속 점유하고, 추심 또는 처분하여 발행인 또는 배서인에 대한 어음상의 권리를 행사하여 나머지 채권에 충당할 수 있으므로 부도어음의 반환을 요구할 수 없다. 은행여신거래약관 제8조 제1항에는 그 어음의 부도 기타 일정한 사유가 발생하였을 때에는 은행이 할인의뢰인에게 어음의 환매청구권을 가지는 것으로 정하고 있으며, 이 환매청구권은 어음법상의 권리가 아니므로 이 환매청구권과 할인의뢰인의 예금을 상계하였다 하더라도 나머지 채권이 있는 경우에는 약관상의 내용에 따라 발행인 또는 배서인에 대한 어음상의 권리를 행사할 수 있을 것이다. 따라서 비록 부도된 어음이라 하더라도 나머지 채권의 변제를 받기까지는 약관에서 정한 특약에 따라 이를 유치하여 어음의 소지인으로서의 권리를 행사할 수 있으므로 반환을 요구할 수 없다.

근질권설정계약서상의 유질 조항의 유효성

은행이 취득하는 질권은 상행위로 인하여 생긴 채권을 담보하기 위한 것이므로 유질계약은 유효하다. 민법 제339조는 채무변제기 전 계약으로서 질권자에게 변제에 갈음하여 질물의 소유권을 취득하게 하거나 법률에 정한 방법에 의하지 아니하고 질물을 처분할 것을 약정하는 유질계약을 금지하고 있으나 은행이 취득하는 질권은 상행위로 인하여 생긴 채권을 담보하기 위한 것이므로 상법 제59조에 의거 유질계약이 가능한 것이다. 따라서 은행 근질권설정계약서상의 유질 조항은 유효한 것이다.

각서는 그 구체적인 약정의 내용에 따라 법적인 효과가 달라질 것이나 은행 거래에 있어서는 채권계약의 효력을 가지는 경우가 많을 것이다. 대부분의 경우 은행과 고객과의 거래는 정형화된 서류에 의하여 행하여지고 있으나 경우에 따라서는 구체적인 상황에 대응하기 위하여 각서를 받는 경우가 있다. 이 각서라는 것은 고유한 법률상의 용어는 아니며, 따라서 일정한 형식이 있는 것은 아니나 그 내용은 대부분 일정한 사항을 약속하였음을 명백히 하는 것이다. 이와 같이 각서는 정형화된 법률용어가 아니므로 그 법적 효력은 각서라는 명칭이나 형식과는 관계없이 그 약정의 내용에 따라 정하여진다고 보아야 할 것이다. 그러므로 비록 각서라는 명칭으로 작성되었다고 하더라도 실질적으로 그 내용이 계약이라고 할 수 있는 것은 계약으로서의 법적 효력을 가지는 것이다. 일반적으로 은행에서 사용하고 있는 각서의 내용은 어떤 사항에 대하여 손실이 발생할 경우 전적으로 책임을 부담하겠다는 내용, 은행이 어떠한 사항에 대하여 작위 또는 부작위 의무를 부담시키고자 하는 내용 등인데 이러한 경우는 당사자 간의 합의에 의한 계약서로 볼 수 있으므로 채권계약의 효력을 발생하는 것이다. 은행이 각서를 받는 경우는 비교적 그 업무사항이 경미하거나 만일의 경우에 대비하여 제출받는 경우가 대부분이지만, 후에 실제 분쟁이 발생할 경우에는 채권적 효과를 가지게 되는 것이므로 각서를 제출하는 경우에는 그 내용에 주의를 기울여야 할 것이다.

여신거래 기본약관 교부의 필요성

차입신청서 또는 개별약정서에 거래처가 그 약관을 계약 내용으로 하겠다는 명시적인 의사를 표시하고 거래처에 약관교부를 확실히 하는 경우에 약관의 효력이 인정되기 때문이다.

가. 여신거래약관의 의의

약관은 자본주의의 발달로 기업에 의한 불특정 다수인을 상대로 하는 대량거래의 성행으로 나타난 것이다. 즉 기업자가 불특정 다수인과 계약을 맺을 때에 일일이 그 계약 내용을 협의 결정한다는 것은 대단히 번거로운 일이므로 이를 피하기 위하여 계약 내용을 정형화, 표준화해서 누구든지 같은 조건 하에 기업과 계약을 맺도록 미리 계약 내용을 정하게 되며, 보통은 서면으로 인쇄된 부동의 것이다. 이것이 바로 약관이며, 보통거래약관이라고도 부른다. 위약 관에 따라서 개개의 거래에 있어서 당사자가 구체적으로 내용을 협의 결정함이 없이 미리 정형화된 거래 내용에 따라서 기계적으로 계약이 성립하며 상대방은 계약을 체결하느냐 않느냐의 자유만을 가질 뿐이다. 여신거래 기본약관은 거래처와 은행과의 대출 거래에 있어서 기본적인 사항에 관한 합의를 정해 놓은 것이다. 여신거래는 이 약관에 바탕해서 실행되고, 그 거래에서 발생하는 양자 간의 채권채무에는 이 약관이 적용된다.

나. 여신거래 기본약관의 필요성

거래처와 은행 간의 거래관계는 쌍방의 합의에 바탕한 계약 내용에 따라서 계속되고 그것은 대출 거래관계에서도 마찬가지이다. 개개의 거래에 있어서 계약 내용은 각각 모든 면에 걸쳐 명확을 기해야 하는 것인데 수많은 거래처를 상대로 해서 대량의 복잡한 거래를 하는 대출 거래관계에서 거래를 할 때마다 일일이 모든 면을 망라하는 계약 내용을 쌍방 사이에서 협의하고 결정한다는 방법을 취하는 것은 물적으로 도저히 불가능하다. 그런데 그 협의 결정해야 하는 계약 내용 중에는 어떤 거래에서도 반드시 적용되어야 하는 공통의 사항이 포함된다. 이를테면 금융정세가 변화한 경우의 이율변경에 관한 계약, 담보의 제공에 관한 계약 등 모든 거래에 있어서 공통적인 사항이다.

다. 여신거래 기본약관의 성질

여신거래약관은 은행에서 제정한 것이고, 그에 대한 거래처의 포괄적인 합의를 요구하는 점에서는 보통거래약관의 성질을 가지고 있다고 할 수가 있다. 여신거래 기본약관을 거래처에 교부하고 그 수령증을 받았다 해도 그 거래처와의 융자계약이 체결된 것은 아니고, 아무런 채권채무관계도 발생하지 않는다. 즉 거래처와 구체적으로 어떤 거래가 생겼을 때 그 약관의 내용이 적용된다는데 불과하고 은행은 그에 의해서 하등의 융자의무를 지게 되는 것은 아니다.

대금업이란?

돈을 빌려주는 사금융업(私金融業)으로 은행·협동조합·보험회사·금융회사·신용금고 등 공적인 금융기관이 아닌 자로서 금전의 대부, 또는 대부·차용의 중개를 업무로 하는 영업으로, 사채업자(私債業者)·전당포 등을 말한다.

유체동산의 경매가 액을 정할 경우는 그 가액 산정이 어려우므로 임의적으로 유체동산의 가격을 책정할 수 있도록 법으로 정하였다. 보통은 원가의 5분의 1 정도로 책정하는 것이 통례이다. 그러나 고가물일 때는 집행관이 감정인에게 평가를 의뢰해야 한다고 규정한다. 경매는 부동산의 경우와는 달리 매우 형식적이다. 경매 물건 등에 대하여 3일 전에 그일 자와 장소를 공고하는 정도나 일반인의 경우는 유체동산 경매 사실을 아는 경우가 드물다. 이런 이유로 채권자가 경매를 받는 경우가 많으나 직업적으로 이런 유체동산만 낙찰받아 가는 사람이 점차 늘고 있다. 이렇게 직업적으로 하는 사람은 그 물건을 어디에 팔려고 한다기보다는 채무자에게 웃돈을 더 받고 다시 파는 행위가 많다. 이런 경우 자기들이 경락받은 금액의 2배를 받는다고 한다. 또한, 채무자는 이렇게 다시 사서 이용하게 되면 채권자로부터 다시 집행을 당하는 일도 피하게 된다. 문제가 되면 애당초 경락받은 이가 자기 것이라고 주장해 주는 것이다. 이렇게 하여 경락대금에서 변제를 받고 받지 못한 나머지는 후일 다시 집행하면 된다.

선고 후 약 20일 정도이면 판결문을 받는다. 그로부터 약 20일 후 상대방이 항소를 기간 내 하지 않으면 확정이 되는 것이다. 판결문 정본을 법원에 가지고 가서 민원실에 있는 송달증명원·판결확정증명원·집행문부여신청서를 작성하여 종합 접수실에 접수하시면 집행문을 부여해 준다. 집행문이 부여된 판결문을 가지고 법원의 집행관사무실에 의뢰하면 된다. 보통 6~7만 원의 경비가 소요된다. 공증한 문서를 가지고 강제집행을 할 시는 공증한 공증인 사무소로 찾아가 공증문서를 가지고 찾아가 집행문을 부여받아 집달관 사무소에 접수하면 된다.

증인신청이란?

증인신청은 다음 재판기일 10일 정도 전에만 제출하면 된다.

그 신문 사항은 재판과정에서 본인이 주장하는 내용을 더욱더 분명히 할 수 있도록 하나하나 정확성을 기해야 하며 장소 일자 등 가능하면 빠짐없이 기재하여 확인하는 것이 좋다. 이때 상대방은 반대신문을 하게 되는데 마찬가지로 상대방이 증인신청을 하게 되어 다음 재판이 이루어지면 우리도 그 신문 사항을 교부받아 반대신문사항을 작성하여 반대신문이 시작되기 전 그 판사와 참여계장에게 부본을 제출하면 된다.

피고의 재산을 알아보는 방법은?

승소판결을 받아 강제집행을 하려고 보니 그 앞으로 된 재산이 전혀 없는 것이다. 이럴 때는 재산관계명시 신청으로 채무자의 재산상태에 대해 법원에 진술할 것을 강제해 그 재산에 대해 법원에 진술할 것을 강제해 그 재산에 대해 강제집행을 할 수 있는 제도이다. 채권자인 원고가 제1심 법원에 신청한다. 단, 조정·화해 등이 성립됐다면 그 성립 법원에 신청해야 한다. 법원이 이유 있다고 인정하면 채무자는 법원이 정한 재산관계 명시 일에 법원에 출석해 그의 재산목록을 제출해야 한다.

채무불이행자 명부 등재신청제도란?

이 제도는 상대방재산을 강제로 아는 방법은 아니다. 이 신청은 채무자가 금전을 명한 판결 또는 지급명령이 확정되거나 화해조서 민사조정조서가 작성된 후 6개월 내에 채무를 이행하지 않았을 때 또는 재산명시신청을 위배할 경우에 할 수 있다. 이때 채권자는 법원에 채무불이행자 명부 등재신청을 한다. 채권자의 신청이 이유 있다고 판단될 시 그 결정을 한 법원은 법원에 채무불이행자 명부를 비치해야 한다. 그리고 채무자의 본적지, 시·구·군·읍·면장에게 부본을 보내고 그것을 비치케 한다. 이는 누구나 제한 없이 열람 등사를 청구할 수 있다.

소송비용 받기란?

소송비용 확정결정 신청제도 재판에 승소하면 그동안 들어간 소송비용도 만만치 않다. 소송비용 확정결정 신청제도를 이용해야 한다. 이는 소송이 끝났을 때 소송에 들어간 소송비용을 상대방에 청구하고, 이에 응하지 않을 시 일반소송에 의한 판결처럼 상대방 재산을 강제집행할 수 있는 제도를 말한다. 그러나 이 제도는 소송비용 부담이 원고와 피고에게 나누어 분배될 경우 각자 소송을 하며, 들어간 비용은 서로 들어간 비용만큼 변제하는 상계신청이 가능하며 남은 금액이 있을 때만 신청할 수 있다. 소송비용은 소송 제기 전의 소송준비부터 진행 중 들어간 돈, 법무사·변호사 등 수수료 및 선임비용 모두가 포함된다. 보통 소송비용에 대해서는 판결 시 그 부담률이 기재된다. 예를 들어 소송비용은 원고 6, 피고 4로 부담한다는 말이 그 말이다. 소송비용은 소송이 재판에 의하지 않고 완결된 경우에도 신청할 수 있다. 소취하, 청구의 포기, 피고가 원고의 청구를 인정하는 인낙 등이 있다. 소송비용은 피고가 부담한다고 선고했다면 피고는 소송비용에 대하여 전액 부담하여야 하므로 원고에게 받거나 상계비용처리가 전혀 없다. 그러나 소송비용 부담이 원고와 피고에게 나누어 분배되는 경우에는 신청인이 신청한 비용에 관해 진술할 것과 아울러 상대방이 자신의 소송비용계산서 등본도 아울러 제출할 것을 최고하게 된다. 최고서란 타인에게 일정한 행위를 하도록 요구하는 통지로 이 최고서를 받은 상대방은 자기에게 송달된 비용계산서에 대해 의견진술서를 법원에 제출해야 한다. 이러한 방식으로 소송비용을 받을 수 있다.

판결선고일이란?

판결선고일엔 꼭 참석하지 않아도 된다. 보통선고일은 변론종결을 기준으로 하여 2~3주 정도 걸린다. 선고기일에 당사자가 법정에 꼭 출두하지 않아도 된다. 선고기일엔 변론기일과는 달리 소환장을 송부하지는 않는다. 판결선고 결과는 담당 재판부에 문의하여도 되고(하루 후 정도) 법원 민원실 단말기로도 가능하다. 선고 후 5일 정도 지나서부터 가능하다.

상소란?

하급법원 판결에 굴복해 상급법원의 심리를 청구하는 것을 말한다. 항소와 상고 등을 말한다. 항소를 모두 고등법원에서 하는 것이 아니라. 제1심이 단독사건이었을 경우는 지방법원 내의 합의부인 항소부에서 담당한다. 1심을 합의부에서 한 사건만 고등법원에서 담당한다.

그렇지만 상고는 모두 대법원에서 담당한다.

확인판결/형성판결이란?

확인판결이란 일정사실을 확인해 주는 판결이다. 예를 들면, 누가 누구에게 줄 것이 없다는 사실을 확인해 주는 채무부존 재확인 판결이 있으며, 형성판결의 예로는 판결이 선고되면 법률관계에 변동이 오는 이혼판결이 있다. 이행판결과는 달리 확인판결과 형성판결은 그 판결에 따르는 집행이 필연적으로 동반되지 않는다는 특징이 있다.

몰래 한 녹음의 효력은?

원칙적으로 적법하다고 말하기는 그렇다. 그러나 이런 경우 판례의 입장은 형사소송에는 이러한 증거능력이 제한되어 있는 반면 민사소송에서는 증거능력에 제한이 없다. 이런 원칙을 자유심증주의라 한다. 민사소송에서는 자유심증주의를 채택했기 때문 상대방 모르게 녹음한 테이프가 위법으로 수집한 증거라고 해서 증거능력이 없다고 단정할 수 없다는 판시(대판80다2314)가 있다. 형사소송에서도 피고인이 범행 후 피해자에게 전화를 걸어오자 피해자가 증거용으로 삼기 위하여 전화 내용을 녹음한 경우에도 위법하게 수집한 증거라고 할 수 없다고 판단했다(97도240판결). 이처럼 녹음테이프가 증거능력이 인정되어 채택될 경우는 그 증거조사는 검증을 거친다. 그러므로 녹음테이프를 증거물로 제출할 때는 반드시 녹취록을 제출하여야 한다. 이런 녹음 내용을 증거로 인정할 것인가 등은 전적으로 판사가 판단할 문제이나 대부분의 판사는 이를 인정한다. 위 상대방의 대화 내용을 녹음한 것이 위법인지에 간에서는 쉽게 말하기 어렵지만, 형

사처벌의 대상이 되기는 어렵다는 것이 통상적 판단이다

서증신청 제도란?

법원 외 서증조사란 제3자가 소지한 문서를 문서제출명령 또는 문서송부촉탁신청의 방법에 의해 증거로 신청할 수 없거나 신청하기 어려울 때 문서를 소지하고 있지 않거나 소지하고 있더라도 그 양이 많아 법원으로 가지고 오기 힘든 경우에 이용하는 제도이다.

증인신청을 하게 되면은?

증인신청을 하게 되면 재판장은 제일 먼저 왜 증인신청을 하는지 물어본다. 그리고 채택할 증인 이름을 대충 묻는다. 그러나 답을 못해서 상관은 없다. 소정외증인신청을 하면 된다. 소정 외 증인신청이란 신청하고자 하는 증인의 이름을 모르거나 증인을 아직 물색하지 못했을 때, 우선 법정에서 허가를 받은 후 증인신청서를 제출할 때 증인의 성명주소를 보충 기재하여 증인을 신청하겠다는 것이다. 이런 경우 먼저 재판장에게 "소정 외 증인신청을 하겠습니다."라고 말하면 된다. 그리고 증인을 결정한 후 증인신청과 신문사항을 기재하여 제출하면 된다

인적증거란?

증인 감정인 당사자인 본인을 신문해서 그 진술을 증거로 하는 것이다.

물적증거란?

돈을 빌려 간 사실을 증명하는 차용증이나 영수증 등이 물적증거다.

소취하란?

합의를 보았거나 소를 취하할 경우는 우선 법원에서 통지가 오면 안 나가는 방법도 되겠지만, 이는 바람직하지 못하다. 원고가 변론기일에 참석하여 판사에게 소 취하 의사를 밝히거나 소 취하서를 내도 된다.

답변서나, 준비서면은?

소장을 접수한 후 대략 1개월 지난 정도에 법원으로부터 주소 등 보정명령이 송부되지 않았다면 소장 부본이 상대방인 피고에게 송달되었다는 뜻도 된다. 피고에게 먼저 소장 부본이 송달되고 난 후에는 최초의 변론기일 소환장이 통지된다. 경우에 따라 소장 부본과 소환장이 함께 오는 경우도 있다. 최초변론기일 소환장은 재판 일시를 알려주는 내용과 이미 소장 부본으로 알려준 내용에 관해 피고로서 원고가 주장하는 사항에 대해 다툴 부분이 있으면 법원에 미리 서면으로 제출하라는 내용도 된다. 이때 피고가 원고의 주장에 반박하고, 그 반박 내용을 기재해 최초변론 기일 전에 제출하는 서류를 답변서라고 한다. 피고가 답변한 답변서는 다시 원고에게 송부된다. 이를 받아본 원고가 그 답변서에 대하여 반박 또는 하고 싶은 말이 있을 시는 자기가 주장하는 말을 기재해 다시 법원에 제출한다. 이것 역시 피고에게도 송부되며 이것에 할 말이 피고에게 있으면 다시 하는 등

재판이 진행되는데, 피고가 최초변론 기일 전에 제출한 서류를 답변서라 하고 답변서를 제외한 원고 또는 피고가 각기 주장하는 사항을 기재해 법원에 제출하는 서류를 준비서면이라고 한다. 사실 피고가 최초의 변론기일 전에 제출한 답변서도 준비서면이지만 민사재판에서는 이를 분류키 위하여 답변서라고 말한다.

주소보정이란?

주소보정은 아주 간단하다. 법원 민원실이나 종합 접수실에서 서류를 받아 그 양식을 보면 쉽게 기재하도록 만들어져 있다.

상대 주소를 모를 때의 공시송달이란?

정상적인 방법으로는 송달이 불가능하거나 당사자의 주소 등 송달할 장소를 모르는 경우 보충적 마지막 송달 방법이다. 송달할 내용을 법원의 게시판에 게시하고 상대방에게 송달이 된 것으로 이를 간주하고 재판을 진행하는 것이다. 공시송달제도는 송달하고자 하는 당사자의 신청에 의하여 법원 사무관 등이 상대방에 송달하여야 할 서류를 보관하고, 그 사유를 법원의 게시판에 게시해 언제라도 상대방이 볼 수 있도록 한 후 일정 기간이 경과하면 송달된 것으로 인정하는 송달 방법을 말한다. 공시송달의 신청은 공시송달을 할 수밖에 없는 그 사유를 신청서에 첨부하여야 한다. 말하자면 동사무소 주민등록 말소 확인, 이웃집 사람으로부터 그 사람이 이곳에 살지 않는다는 사실을 기재한 인우 보증, 통장의 불거주 확인서 등이다. 법원의 게시판에 송달 내용이 게시된 2주일 후에는 그 효력이 발생한다. 동일한 당사자에게 여러 번 공시송달을 한 경우에는 2회 이후의 공시송달은 게

시한 다음 날부터 송달 효력이 발생한다. 이처럼 공시송달제도는 상대방이 알지 못하는 상태에서도 재판이 진행되므로 공시송달제도를 이용하기에는 몹시 어려움이 따른다

상대 주소를 모를 때의 소 제기 접수증명원이란?

본인이 법무사나 변호사 등을 이용치 않고 본인이 직접 소장을 작성하는 경우에는 주민등록 등본을 떼기 위해서는 이해관계 사실원을 필요로 하는데, 이 경우에는 법원 민원실에 가서 사건번호를 얘기하고 수수료를 내면 소 제기 접수 증명원을 발급받을 수 있다. 이렇게 받은 것이 이해관계 사실 확인원의 그 역할을 해 준다. 소 제기 접수 증명원이 본인이 주민등록등본을 발급받고자 하는 사람과 소송이 계류 중이라는 것을 증명해 준다. 그래서 등본발급이 가능하다. 그러나 보통 그렇게 하지 않아도 소송 중이라는 것을 입증할 서류만 가지고 가도 발급해 주는 경우가 있으므로 일단은 시도해 보시기 바란다. 현금보관증·차용증·각서·확인서 등 거래를 하게 되면 주로 위와 같은 서류를 받는 경우가 많다. 그중 유독 현금보관증을 받는 사람 있다. 현금보관증은 차용증과 달리 어떤 형사적인 책임을 물을 수 있다고 아직도 생각하는 사람이 있는 모양이다. 그러나 그건 아니다. 실지로 현금을 우선 보관해 달라는 것으로 맡기고 받았다면 모르겠으나 금전 거래로 인하여 받은 것이므로 차용증과 같은 증거로서의 그 효력이 있을 뿐이다. 이것은 양자 간 서로 어느 날 얼마를 누구와 거래한 사실 있다는 것을 뜻하며, 일종의 증거로서의 효력이다. 차용증에는 특별한 양식은 없으나 후일 그 증거로 삼으려면 자세히 적는 것이 좋다. 빌리는 사람·빌려주는 사람·금액·변제일·이율 등이면 된다. 변

제기일이 지나 갚지 않는 경우 민, 형사상의 책임을 지겠노라고 하였다. 하더라도 형사책임을 묻기는 어렵다. 특히 이자를 기입치 않았다면 후일 이자가 문제 될 수도 있으니 유의 바란다. 상대방 주소를 알아야 상대방의 주소는 소송하는데 몰라서는 안 된다. 법원에서도 소장을 접수할 때는 반드시 주소가 기재되어 있어야 하며, 만약 주소가 없으면 접수도 받아주지 않는다. 법률적으로 한 사람의 주소가 한군데 이상일 수는 없으나 소송상 주소는 송달을 가능케 하기 위한 상대방의 거주지 의미를 가지고 있다. 송달은 법원이 직권으로 하는 것이 원칙이지만, 공시송달의 경우는 당사자의 신청에 의하여 이루어진다. 보통 공시송달은 법원 사무관 등이 자기의 직무 행위로 처리한다. 예외적으로 법관이 명령 또는 허가하는 권한을 가지는 경우도 있다. 단, 송달을 받아야 할 사람이 아닌 다른 사람에게 잘못 송달한 경우는 그 송달은 무효다. 민사소송에서 상대방의 주소를 몰라 소장 등이 송달되지 않으면 소송은 진행되지 않는다. 송달이 되지 않아 피고에게 불이익을 초래할 염려가 있는 경우 원고측에서 특별히 다른 수단을 취하기 전에는 재판을 진행시킬 수 없다. 송달이 되지 않는 경우 법원으로부터 주소보정의 통지를 받게 되는데 이는 주소가 달라 송달되지 않으니 상대의 다른 주소 송달 가능한 주소를 제출해 달라는 것이다. 송달이 상당히 중요한 것이다. 송달이 되지 않으면 재판은 더 이상 진행되지 않는 것이다. 만약 송달제도가 없다면 피고는 재판이 진행되는 사실도 모를 것이고, 이를 이용하여 '의제자백'에 의해 원고가 쉽게 승소하는 경우가 많을 것이다. 원고는 송달이 되지 않을 경우는 입증책임을 져야 한다

주소불명– 다른 곳으로 이사를 간 경우

폐문부재– 보통 낮에 사람이 없는 경우

수취거절–송달을 거부하거나 송달을 받지 않으려고 그런 사람 없다고 하는 것

주민등록말소–이미 주민등록이 말소되어 더 이상 알 수 없는 경우

주소는 재판을 하는 데 있어 아주 중요하다. 그러나 보통 송달지를 확실히 확인치 않고 소송을 하는 분들이 많은데 소장 접수를 아무리 빨리하더라도 송달이 안 되면 늦어지고, 재판도 어렵다. 언제나 송달지도 먼저 챙겨야 한다.

소송의 종류는?

대여금청구소송

이는 남에게 돈을 빌려주고 못 받았을 경우에 하는 소송이다.

차용증은, 현금보관증, 각서 등이 입증 자료가 된다.

약정금청구소송

이는 남에게 돈을 빌려 쓴 것은 아니지만, 어떤 이유에 의해 언제까지 주기로 약속을 하였으나 이를 이행치 않을 시하는 소송이다.

노임청구소송

월급을 못 받아 하는 임금 체불이 되었을 경우 하는 소송이다.

어음·수표 청구소송

물품을 납품한 후 받은 어음이 부도가 났다거나 아니면 개인 어음을 발행 어음지급기일에 지급을 거부하는 경우 하는 소송이다.

물품대금청구소송

물품을 납품한 후 대금을 지급하지 않는 경우 하는 소송이다.

손해배상청구소송

타인으로 말미암아 어떤 손해가 발생했을 경우이다. 폭행에 의한 치료비, 교통사고, 계약위반에 따른 손해 등 그 대상이 다양하다. 법원에도 구유형이 너무 많아 이런 식으로 표한다. 손해보상[산]은 산업장에서 재해를 입은 경우 손해보상[자]은 자동차사고에 의한 손해배상이고, 그 외 '기타 손해배상'이라 하여 손해보상[기]으로 표한다.

구상금청구소송

많은 예로 남을 보증서 주고 채무자가 갚지 않아 대신 그 빚을 갚아주고 대신 갚은 돈을 다시 채무자에게 갚아달라는 소송이다. 이것은 보통 많이 발생하는 것을 나열한 것이고, 그 외 많은 유형이 있다. 그 외의 것은 변호사든 전문가와 타협하는 것이 좋을 듯싶다.

관할 법원이란?

재판을 하려면 재판권의 관할을 먼저 알아야 한다.

관할에는 사물관할/토지관할/합의관할/응소관할 등이 있다.

사물관할은?

제1심 소송에 있어서 그 사건을 단독부에서 심판하느냐 합의부에서 심판하느냐를 말한다. 판사 1명이 재판하면 단독부이고, 3명이 재판하면 합의부다. 원고의 청구금액이 5,000만 원이 넘으면 합의부, 5,000만 원 미만인 경우는 단독부이다.

토지관할은?

소재지가 다른 동종의 법원 중 1심 재판을 어느 법원에서 담당하느냐를 정한 것을 말한다. 다시 말하면 서울지방법원은 어디어디 지역의 재판을 하고, 서부지원은 어디어디 지역의 재판을 한다 등이다.

합의관할은?

관할을 당사자가 합의에 의해 만든 관할을 말한다. 이는 서로가 거래를 하면서 미리 소송이 있을 경우 어느 법원으로 서로 다툼이 있을 경우 관할 법원으로 정한다고 하면 설령 그 법원에 연고가 없다 하더라도 관할 법원이 되는 것이다.

응소관할이란?

피고의 응소에 의해 법원이 그 관할권을 갖는 것을 말한다. 관할이 없는 법원에서 소송이 제기되었다 하더라도 피고가 이에 항변을 제출치 않고 출석하여 변론하거나 진술하는 경우는 합의 관할과 마찬가지로 그 법원이 관할이 된다. 토지관할의 발생원인이 되는 재판적 토지관할의 결정표준 내지 발생 원인으로 그 당사자가 어느 법원의 재판권 행사에 따를 것인가를 정하는 근거가 되는 관계를 '재판적'이라고 한다. 재판적의 종류는 보통 재판적과 특별 재판적, 인적 재판적과 물적 재판적으로 나눌 수 있다. 보통 재판적이란, 전속관할의 규정이 없는 한 피고에 대해 일체 소송사건에 대해 일반적으로 인정되는 재판적을 의미한다. 소송제기는 피고의 주소지를 관할하는 법원에 해야 한다. 특별 재판적이란, 특별한 사건에 관하여 법률로 인정하는 재판적을 의미한다. 교통사고로 손해배상청구소송은 사고가 난 지점을 관할하는 법원에 소송제기를 할 수도 있으며, 그 소장을 원고가 피고의 주소지를 선택할 수도 있다. 이 경우는 피고의 보통재판적 소재지 법원이나 특별재판적 소재지 법원에서 택할 수 있다. 당사자끼리 연관이 있는지 소송물과 연관이 있는지에 따라 나누어지는 것이 인적재판과 물적 재판이다. 인적 재판적 당사자 특히 피고와 관계된 재판적이며, 「민사소송법」 제2조 「사람의 보통 재판적」 사람의 보통 재판적은 주소에 의하여 이루어지는 것이다. 단, 한국에 주소가 없을 때는 거소를, 거소가 없거나 이를 모를 때는 마지막 주소에 의한다. 물적 재판적은 당사자와 관계없이 소송물에 인정되는 재판이다. 인적 요소와는 관계없이 부동산이라는 물적 요소만으로 관할을 정한다. 「민사소송법」 제18조 「부동산소재지의 특별 재판적」 부동산에 관한 소는 부동산 소재지 법원에서 할 수 있다. 쉽게 다시 정리하면 보통 재판적의 재판적은 피고 등의 주소, 거소, 마지막 주소지의 관할 법원이고 특별재판적으로는 중요 부분만 얘기하면 부동산관계의 소는 부동산소재지를 관할하는 법원, 불법행위에 관한 것은 불법행위가 일어난 곳의 법원, 어음/수표는 지급지의 법원이다. 그러나 위 3가지는 보통적 재판적이 해당되므로 피고의 주소지나 두 곳 중 선택하면 된다. 지참채무의 관할은 재산권의 일종인 금전채권에 관한 소의 경우에는 채무자가 채권자에게 변제하기 위해서는 채무자는 돈을 가지고 채권자의 주소지로 가야 한다. 이 경우 목적물이 금전이라면 이것을 지참채무라고 하는데, 금전채권에 관한 소의 경우에 채권자주소지 관할 법원도 재판권이 있다. 「민사소송법」 제6조 「거소지 또는 의무 이행지의 특별 재판적」 재산권에 관한 소는 거소지 또는 의무 이행지의 법원에 제기할 수 있다.

전속관할이란?

어떤 사건에 관해 정해져 있는 법원 이외의 법원에서는 재판할 수 없다는 관할을 의미한다.

소송 전 관할 법원을 알고 정함이 재판을 하는 데 큰 도움이 된다.

지급 명령신청이란?

금전 기타 대체물이나 유가증권의 일정한 수량의 지급을 채권자가 법원에 신청할 수 있다고 규정하고 있다. 지급명령신청은 채권자가 채무자에게 금전 지급을 촉구할 수 있는 제도로서 소액소송에 비해 매우 간편하여 이용을 권하고 싶은 제도이다. 소송의 경우는 변론기일에 최소한 한 번은 법정에 출두하여 재판을 받아야 하지만, 지급명령의 경우는 법정에 출석하지 않는다. 당사자의 신청과 두 번 정도의 확인이면 결정에 대한 절차가 완료된다. 그러므로 당사자가 법정에 출두치 않고도 소송의 결과를 알 수 있다. 단 지급명령신청은 소액소송과는 달리 어떤 청구나 가능한 것은 아니다. 금전의 청구나(어음/수표 포함) 금전으로 대체할 수 있는 물건의 청구만 가능하다. 지급명령의 경우는 반드시 채무자의 주소지 관할 법원에만 신청이 가능하다. 만약 신청요건을 갖추지 않으면 각하된다. 지급명령의 경우는 소송에 필요한 인지대의 2분의 1만 소요된다. 지급명령은 신청서를 작성해 법원 민원실이나 접수실에 접수하면 된다. 대법원 규칙은 지급명령신청을 접수받은 법원은 24시간 이내에 상대방에게 송달해야 한다고 규정하고 있다. 이 신청서를 받아본 상대방은 신청한 지급명령신청에 대하여 다투고 싶지 않거나 이의 없이 인정하는 경우는 응답하지 않고, 이의가 있을 시는 신청서가 본인에게 송달된 날부터 2주 이내에 이의 신청을 법원에 해야 한다. 2주가 지나도록 상대방으로부터 아무런 응답이 없으면 지급명령신청은 확정된다. 2주가 지나도록 응답이 없으면 법원은 상대방에게 언제 송달되었다는 통지문을 지급 명령신청자에게 보낸다. 신청자는 10일 후쯤 법원에 가서 지급명령신청이 확정되었는지 아니면 상대방이 이의를 했는지 알아보면 된다. 만약 상대방이 이의신청을 했다면 일반소송으로 가는 것이다. 그리고 확정이 되었다면 강제집행이 가능하다. 서로 다툼이 있는 경우는 소송으로 시작하고 채권자의 주장을 모두 받아드릴 수 있는 일이라면 지급명령 신청을 하므로 써 간편하게 마무리할 수 있다. 확정된 지급명령에 대해 문제가 있을 시는 청구이의 소를 제기해야 한다. 법원에 당부를 요청할 수 있다. 주의를 요하는 점은 지급명령이나 공증에 의한 청구 이의 소는 시간적 제한이 없다는 것이다. 그러므로 언제든지 제기할 수 있다. 그러나 청구 이의 소 제기를 한다 하더라도 강제집행을 막을 수는 없다. 강제집행을 저지하기 위해서는 별도로 강제집행정지신청이 필요하다.

조정제도란?

  조정제도와 소송의 차이는 조정이란 법관이나 조정위원회가 분쟁당
사자 어느 한쪽이나 쌍방이 신청하면 그 분쟁에 대하여 소송까지 가
지 않고 서로 화해 할 수 있도록 당사자의 합의를 이루어내는 그 절
차를 말한다. 소송은 어느 한쪽이 이기고 지는 것으로 판가름이 나
지만 조정은 당사자의 서로 양보와 타협을 통하여 어떤 결과를 만들
어낸다. 이것이 조정제도의 큰 장점이다. 또한, 법관이 아닌 일반인도
조정위원으로 위촉되며 조정에 참여할 수 있다. 그리고 비용이 많이
절감되는 것도 큰 장점이다. 그리고 조정에서는 일반 형사재판이나 민
사재판에서처럼 엄격한 재판이 이루어지지는 않는다. 설령 입증 자료
나 증거, 원인 등이 조금 잘못되어 어설프다 하여도 그냥 넘어가는 경
우도 장점이라 말할 수 있다. 그러나 조정신청도 당사자 간에 충분히
합의될 수 있는 사건이나 책임 소재가 분명해 서로 다툼의 소지가 없
는 것일 경우 이득이 있다. 그렇지 않은 경우는 오히려 시간이 더 걸
릴 수도 있다.

기각이란?

  모든 소송에 공통된 개념으로 소송을 제기한 자의 패소를 뜻한다.
  예를 들어 민사의 경우 가압류 신청을 하였는데 기각됐다면 신청을
받아줄 이유가 없다는 뜻이며, 형사의 경우 기각되었다면 피고의 항
소이유 없으므로 받아주지 않는다는 말이다.

각하란?

  어떤 신청을 하였는데 그 요건이 제대로 갖춰져 있지 않다는 것이

다. 예를 들어 신청서에 인지 금액이 부족하여 이를 인지 보정을 명하였음에도 보정하지 않았다면 각하된다.

보전신청이란?

채권자가 재판을 하여 확정판결을 받을 때까지는 많은 시간이 필요하다. 그런데 채무자가 확정판결이 나기 전에 재산을 다른 사람 명의로 바꾼다거나 팔아버리면 후일 승소를 한다 하여도 채권자는 돈을 받아내기가 매우 힘들어진다. 그러므로 채권자는 재판이 끝나 확정이 될 때까지 채무자가 재산을 임으로 처분치 못하도록 법으로 걸어 놓는 것을 보전처분이라 한다. 그리고 보전처분에는 가압류와 가처분이 있다.

가압류란?

가압류란 채권자가 채무자의 금전채권이나 금전으로 환산할 수 있는 다른 채권을 확보해 놓으므로 써 판결의 최종목적인 강제집행의 실효성을 보전하는 절차이다. 그러나 채무자는 처분권을 상실하는 것은 아니지만 가압류를 하므로써 상당한 제약을 받는다.

가압류는 대상 목적물에 따라 나눈다.

가. 채권가압류-채무자가 제3자에 대하여 행사할 수 있는 채권을 가지고 있는 경우이다.

나. 부동산가압류-부동산의 토지나 건물

다. 자동차가압류-자동차 가압류를 차에 하게 되면 운행이 불가능할 것으로 생각하나 그건 상관없다. 그러나 가압류된 자동차를 집행관이 인도 받아쓸 때부터는 운행은 할 수 없다. 채무자가 집행관에게 자동차를 인도받으려면 먼저 채무자가 그 채권에 대하여 확정판결을 받아야 한다. 판결을 받아야 자동차를 경매 처분할 수 있는데, 강제 경매를 하기 전에 자동차 인도명령을 신청하고 주차비용을 미리 납부하면 집행관은 채무자의 차량을 가져다가 법원이 정한 주차장에 보관한다. 그런 후 10일 이내에 집행법원에 강제 경매 신청했음을 증명하는 서류를 제출해야 한다. 만약 그렇게 하지 않으면 차량은 채무자에게 다시 돌아가고 만다. 그리고 차량은 낙찰될 때까지 주차장에 감수, 보존된다. 이런 문제로 차량은 경매처분 되어도 돈을 회수하는 데는 집행비가 너무 많아 헛수고인 경우도 있다.

가처분이란?

금전채권 이외의 어떤 권리에 대하여 서로 대립하는 당사자 중 어느 한 사람이 법원에 소송을 한다면 판결이 나기 전에 상대방이 물건이나 권리에 대해 이를 처분해버리면 승소한다고 하더라도 헛수고를 하는 경우가 있다. 이를 대비해 소송을 한 후 승소하여 강제집행을 할 때까지 처분을 금하고 필요한 조치를 취하는 보전처분이 가처분이다. 주로 점유이전 가처분과 처분금지 가처분이 있다. 단, 처분금지 가처분은 일정한 기간 동안 그 물건에 대한 처분이 금지된다.

내용증명이란?

우편물 취급제도의 하나로 정보통신부에서 우편물문서의 내용을 동일한 사본으로 증명하므로 써 공신력을 갖게 하는 제도이다. 그러므로 법적 문제가 발생할 시 수취인에게 언제 어떤 내용을 보냈다는 증거를 만드는 것이다. 그러나 내용증명은 어떤 판결문이 아니기에 강제력은 없다. 그러므로 발신인이 주장하는 것에 공신력이 생기는 것은 아니다. 내용증명을 보냄으로써 수취인이 이를 시인을 하기도하고 또는 수취인이 언제까지 빌린 돈을 갚는다는 내용의 답변서를 보내는 경우도 많다. 그렇다면 내용증명을 보낸 것이 잘된 것이고, 이는 후일 다툼의 소지가 있을 시 요긴하게 이용할 수 있다. 답변서를 얻어내는 방법으로 요령을 조금 더 피워 금액을 원래보다 터무니없이 많이 기재하여 보낸다면 수취인은 그 액수가 아니고 실지 얼마다는 답변을 쉽게 받을 수도 있다. 그런데 수취인이 내용증명을 받고도 답이 없다면 내용증명의 효력은 없다. 그러나 임대차 계약 등 해약통지의 수단으로는 긴요하게 이용되므로 내용증명을 이용하는 것이 바람직하다. 내용증명은 특별한 서식이 없으므로 어렵지 않다. 먼저 발신인의 이름과 주소 그다음에 수신인의 이름과 주소를 적고 내용을 적은 다음 복사하여 3부를 준비하고 우체국으로 가서 내용증명을 보내려고 왔다고 하면 된다. 내용증명을 발송할 때는 배달증명과 함께 신청하므로써 후일 누군가가 언제 받았다는 그 근거를 받아두는 것이 좋겠다. 만약 후일 배달 확인을 하려 하면 우체국에서는 그 내용을 1년만 보관하므로 이를 확인하는 데는 불편한 점이 많다. 사전에 준비할 일이다. 또한, 내용증명을 발송하였는데 수취인이 정당한 사유 없이 받지 않는 것은 배달된 것으로 본다.

강제집행이란?

약속한 날짜에 법원으로 가서 집행관으로부터 시간 배정을 보통 받는다. 만약 문이 잠겨 있으면 열쇠전문가를 불러 문을 따게 되는데.

보통 한 번 더 나가 그때도 없으면 그때 문을 딴다. 그런 후 대상물건에 빨간딱지를 붙여 집행 물을 표하고. 경매조서를 작성한 다음 경매기일을 잡고 철수한다. 그리고 경매기일 전 대상물에 대해 감정을 한다. 경매기일까지 채무자가 갚지 않으면 경매를 하게 되는 것이다. 채무자는 집행물건을 그대로 보관하여야 하며 장소를 이동한다거나 팔아서는 처벌을 받는다.

압류 금지물이란?

생활할 때 꼭 필요한 생활필수품인 쌀, 연탄, 옷 등에는 집행을 못하게 되어 있다. 이 압류 금지물은 「민사소송법」 제532에 규정되어 있다.

녹음테이프 검증신청이란?

증거나 증인만 가지고는 마음이 놓이지 않는다면 그러한 거래가 있었다고 하는 것을 상대방으로부터 받아내는 것이 필요하다. 재판을 해 보면 누구나 이기려고 한다. 서로가 적인 것이다. 무조건, 심지어는 증인을 매수해서라도 이기려 모든 수단과 방법을 상대는 동원한다. 그러므로 녹음할 때는 채무자를 인간적 호소로 설득하여 답을 받아 녹음하는 것이다. 이때는 화를 내지 말고 진실을 호소하는 것이다. 이것은 상대방을 궁지에 몰아넣으려 없는 사실을 만드는 게 아니라 있었던 사실을 밝히자는 것이므로 어렵게 생각할 필요는 없다. 돈을 빌려 간 사실을 말하게 하면 된다. 이는 전화에 미리 녹음장치를 하는 것이 좋다. 이 녹음을 토대로 하여 검증신청을 하면 된다.

소장 접수 전 준비사항은?

소장 접수 전 본인에게 유리한 근거자료, 증인, 채무자 확인서, 시인하는 녹음 등 모든 것을 가능한 한 준비해 두는 것이 좋다. 일단 재판이 시작되면 있는 것도 없다, 없었던 것도 그런 양하기 마련이다. 재판이라 하는 것이 시작되면 서로 이기려고 생각지도 않은 사항을 주장하고 나오기 때문이다. 확실한 입증 자료를 본인이 모두 준비하고 판결을 구하는 형식이 되어야 지루한 재판을 피하고 빠른 판결을 얻을 수 있다.

즉시항고란?

민사, 형사소송에서 결정에 대해 일정 기간 내에 제기함을 요하는 불복신청이다. 소송비용액 확정 결정에 대해서는 송달된 날부터 일주일이 지나면 즉시항고를 할 수 없다.

사건번호란?

2002타경111111이라든지 가소…라고 적혀 있다.

이 표시의 2002은 접수된 해를 말한다.

가소-2,000만 원 이하의 민사 소액사건

가단-5,000만 원 이하의 민사 단독사건

가합-5,000만 원 이상의 민사 합의사건

나-항소사건

다-상고사건

차-독촉사건

머-민사 조정사건

타경-부동산 경매사건을 말한다.

가집행이란?

확정되지 않은 판결에 집행력을 부여해서 확정판결 전 강제집행을 할 수 있는 선고를 말한다. 강제집행은 확정 후에야 가능한데, 가 집행은 예외다. 가 집행을 선고하는 이유는 1심에서 패소한 자가 항소했다 하여 승소한 자에게 확정판결이 날 때까지 기다리게 하는 것은 승소한 사람에게 불이익이 올 수 있어 가 집행을 할 수 있는 선고를 한다. 가집행 선고는 원칙적으로 재산권상의 청구에만 가능하다.

판결의 종류?

판결의 종류는 크게 두 가지로 나눌 수 있다. 첫 번째는 '원고의 청구를 기각한다'. 두 번째는 '피고는 원고에게 무엇을 어떻게 하라'는 식의 판결을 하는 원고의 청구인용판결이다. 그리고 '피고는 무엇을 어떻게 이행하라는 식의-이행판결과 별지목록 기재부동산은 원고의 소유임을 확인한다'는 식의 확인판결. 그리고 '원고와 피고는 이혼한다'는 판결, 실체법상의 법률관계인 부부관계가 판결에 의해 이혼이라는 변동을 만드는 형성판결 등이다.

원고청구기각판결은 원고의 청구는 그 청구를 타당하게 하는 이유가 없다. 이유가 되지 않으므로 받아드리지 않겠다 등으로 생각하면 된다. 이는 소송에서 원고는 지고 피고가 이긴 것이다.

원고청구인용판결은 원고의 청구에 타당한 이유가 있으니 원고가 청구하는 대로 해 주겠다는 뜻이다. 이는 원고가 청구하는 대로 받아준다는 말이다.

전부 인용 판결: 원고의 청구대로 전부 받아준다는 판결

일부 인용 판결: 원고의 청구를 받아주기는 하지만 일부만 받아준다는 말이다. 원고 일부 승소 판결이라 한다.

검증과 감정이란?

검증은 법관이 자신의 오관으로 직접 사물의 성질이나 현상을 검사하여 그 결과를 증거 자료로 하는 것이다. 예를 들어 문서상에 써 있는 내용을 증거로 할 때 필적이나 그 인영 따위를 증거로 할 때에는 검증이 된다. 반면에 감정은 특별한 한 학식과 경험을 가진 자에게 그 지식을 이용한 판단결과를 소송상 보고하게 해서 법관의 판단능력을 보충하는 증거조사를 말한다.

사실조회 신청이란?

민사소송에서는 조사촉탁, 즉 사실조회 신청이라는 법 규정을 두고 있다.

조사촉탁이란?

소송 당사자의 신청이나 법원의 직권으로 그 소송에 필요한 조사를 공무소, 학교, 기타의 단체 또는 외국 공무소에 촉탁할 수 있도록 하는 것이며, 이를 보통사실조회 신청이라고 한다. 예를 들어 법원에 사실조회 신청을 하면 법원은 원하는 사항에 대하여 그 사실을 알려줄 해당 부처에 사실조회를 촉탁하게 된다. 이런 절차로 해당 부처는 법원으로 송부된다. 송부된 사실을 원용해 소송과 관련이 있는 일정한 사실을 입증하는 데 이용할 수 있다.

서증이란?

법률적 사실에 관하여 증거력이 있는 것을 말한다.

문서의 증거력이란?

문서에 증거력이 있다고 한다면 어느 정도 인가를 묻는 것이다. 예를 들면, 사진, 영수증, 차용증, 어음, 수표, 계약서 등이다.

문서제출신청 명령이란?

상대방 또는 문서 제출을 제출할 의무가 있는 제3자를 상대로 하여 그가 소지하고 있는 문서를 법원에 제출할 곳을 신청하는 절차를 말한다. 소송에서 일방 당사자가 문서제출 명령신청을 했고 법원이 이를 인용해 '신청이 이유가 있다고 받아들여' 상대방 또는 문서제출 의무가 있는 제3자에게 문서제출 명령을 했음에도 불구하고, 그가 이에 불응하고 제출하지 않을 때는 당사자가 법원의 문서제출명령에 응하지 않는 경우에는 법원은 문서에 관한 상대방의 주장을 진실한 것으로 인정한다. 쉽게 말해서 원고의 주장과 피고의 주장이 상반되는 경우인데 피고는 원고에게 차용증서를 써주었는데 2년 후까지 변제하기로 약속하였으나 원고는 이를 무시하고 고소를 하였을 경우 보통 차용증서는 채무자가 채권자에게만 작성하여 주는 것이므로 채무자에게는 차용증서 부본이 없기 마련이다. 여기서 채무자가 그 차용증서를 확인해 달라 하였을 때 필요한 문서제출명령을 말한다. 이 경우 채권자가 이에 응하지 않으면 채무자의 주장을 받아들인다는 말이다.

자유심증주의란?

재판에 필요한 사실 인정에 대한 가치판단을 재판관의 심증에 일임하는 것을 말한다.

소송을 유리하게 하려면?

소송을 유리하게 유도해나가는 것은 원고와 피고의 준비서면의 공방으로는 부족함이 많다. 재판이란 민형사 모두가 판사가 본인의 주장을 믿도록 하는 힘든 싸움의 연속이다. 판사가 자기의 주장을 받아들이게 하는 데는 여러 방법이 있지만, 그중 쉽게 쓸 수 있는 방법은 다음과 같다.

가. 그러한 내용을 아는 증인이 필요하다.

나. 본인에게 유리한 상대방이 소지한 서류를 강제로 법원에 제출케 하는 것이 필요하다.

다. 어떤 기관 등에 본인에게 필요한 문건 등이 있는 경우 법원촉탁을 이용하여 법원에 제출하게 하는 것이 필요하다.

라. 기관이나 단체, 개인 등이 일정한 사실을 법원에 알리게 하고 싶은데 개인의 부탁으로 어려울 때 법원의 반 강제력으로 그 사실을 알리게 하는 필요성 이렇게 많은 필요성을 느끼는데 그 절차를 몰라 불이익을 당하는 경우가 많다. 법률적으로 증인신청 문서제출명령신청 문서송부촉탁 신청 법원의 서증조사 신청 또는 사실조회 신청이다.

결심이란?

소송 중인 사건에 대하여 판결할 수 있다고 판사가 판단되면 변론을 마치고 선고만을 남기게 되는데, 이를 결심이라고 말한다. 그러나 재판장이 심리가 미진하다고 생각 들면 자유재량으로 변론을 재개할 수 있다. 당사자도 변론 재개 신청을 할 수는 있으나 이는 권리가 아니고 촉구하는 정도이다.

소송대리인이란?

소장은 본인이 아니라도 가능하다. 보통법원은 소송대리인에게 위임장을 요구하지는 않는다. 민사소액소송의 경우는 당사자의 배우자, 직계혈족, 형제자매, 호주는 법원의 허가 없이 소송대리인이 될 수 있다. 당사자의 관계를 알 수 있는 주민등록등본을 요구한다든지 아니면 법정에서 신분증 등으로 확인한다.

인우보증이란?

법률 용어라기보다는 가사 소송에 필요한 개념이다. 가까운 사람으로부터 어떤 사실을 틀림없이 알고 있다고 진술하여주는 것을 말한다

야간 및 특별송달 신청이란?

주소나 그곳에 사는 것 등이 모두 확실히 맞는데, 법원에서 보내는 서류 등이 송달되지 않는 경우가 있다. 이런 경우는 사람이 낮에는 없다든지 아니면 수령을 거부한 것으로 봐야 한다. 이런 경우는 법원 민원실에 있는 야간 및 특별송달 신청서를 작성해 법원 민사과 또는 종합접수실에 제출하면 된다. 집행관이 직접 송달서류를 야간이나 휴일에 직접 건넨다. 이 경우 비용은 거리에 따라 다르지만, 시내의 경우 2만 원부터 5만 원 선이다.

상대 주소를 모를 때 이해관계 사실확인원

주민등록등본은 본인이나 본인이 위임한 사람이 아니면 발급해 주지 않는다. 그러나 상대방이 자신과 소송 등 이해관계가 있다는 그 사실을 법이 원하는 양식에 따라 작성하여 신청하면 발급이 가능하다. 그렇게 하도록 만든 것이 이해관계 사실확인원이다. 이 서류는 동사무소나 법무사, 변호사 사무실에 준비되어 있다. 이를 기입하여 동사무소에 가지고 가면 발급 가능하다.

의제자백이란?

피고가 소장 부본이라든지 최초의 변론기일 소환장을 받고도 답변서 준비서면 등을 제출하지 않고 기일에 출석하지 않기를 3번 반복되면 원고의 주장 사실을 그대로 인정 원고가 자동으로 승소하는 것을 '의제자백에 의한 원고승소 판결'이라고 한다. 간혹 불이익을 받는 분이 있는데, 특별한 경우가 아니라면 출석하여야 불이익을 받지 않는다.

연대보증인이란?

보증을 받을 때는 연대보증이 좋고, 남에게 서줄 때는 보증인이 되는 것이 바람직하다.

보증인이 주 채무자와 연대해 책임을 지는 경우를 말한다. 연대보증인이 그냥 보증인과 다른 점은 최고검색의 항변권을 행사할 수 있느냐 하는 것이다. 다시 말해 채권자가 보증인에게 채무금 변제를 요구하면 보증의 경우 채무자에게 받고 만약 못 받는다면 변제하겠다고 말할 수 있고 채무자가 자력으로 변제할 수 있는 능력이 있으므로 거기에서 먼저 받고 다 못 받는다면 그것은 내가 책임지겠다는 주장을 펼 수 있지만, 연대보증인인 경우는 이런 항변권이 없기 채무자가 임의로 채무자를 무시하고 연대보증인에게 우선 변제해 달라고 하여도 이를 거절할 수 없다. 이런 차이가 있으므로 연대보증인은 보증을 선 사람의 입장에서 보면 불리하고, 보증인이 나은 것이다.

합의에 의한 고소취하란?

합의 좋은 말이다. 소송 전 합의가 제일 좋고 소송 중이라도 서로 합의점을 찾는 것이 좋기는 하지만 합의를 잘못하여 오히려 피해를 보는 경우가 있다. 예를 들어 합의 시합의 금을 그 자리에서 받고 취하서를 접수하는 것이 원칙이나 사정에 의하여 언제까지 합의된 금액을 지급하여준다는 약속을 받고 취하서를 제출하였을 경우 그 약속을 지켜주면 좋지만, 만약 이를 이행치 않을 시 문제이다. 이런 경우 그 약속을 지키지 않는다 하여 다시 고소할 수 없기 때문이다. 꼭 그렇게 할 수밖에 없다면 이행을 않을 시 이용하기 위한 연대보증인, 또는 기타 상대방의 재산 파악 등을 사전에 하여 약속어음 공증 등 만약의 사태에 대비하는 것이 좋다. 그러지 않고 고소를 하고 보니 마음이 안 좋아 급하게 합의에 도달하다가는 후일 어려움을 겪는 경우가 있을 수 있다. 그런 경우가 대다수이므로 처리 시 주의를 요한다.

촉탁등기란?

법원이 일정한 사항을 등기소에 기재해 줄 것을 촉탁하는 것을 말한다. 등기는 당사자의 신청 외에도 관공서의 촉탁에 의해서도 이루어지는데, 이것을 촉탁등기라 한다. 예를 들어 경매 신청 시 그 사실을 부동산 등기부에 기입하는 경매 신청 기입 등기가 있고, 국공유

부동산에 대한 권리 부동산 가압류 신청 시 등기부에 기입해 실행하는 등기 등이 있다.

공증제도란?

공증이란 공신력 있는 기관이 어떠한 사실이나 법률관계에 대하여 없고 있음을 공적으로 증명해 주는 것으로, 이는 법적으로 신뢰받을 수 있다. 공증 사무소는 도시마다 있으나 없는 곳은 검찰청 지청 등에서 검사가 그 업무를 대행하기도 한다.

공증의 종류와 절차

보통 이용하는 공증은 어음공증, 소비대차 계약공증, 사서인증의 3가지가 있다.

사서인증이란?

당사자 사이에 작성한 계약서나 합의서 등을 공증 신청하면 그 서면에 공증 사무실에서 인증을 받았다는 사실을 확인하여 주는 것을 말한다. 사서인증을 받는 이유는 후일 발생될 지도 모르는 분쟁에 대하여 이를 대비하는 것이다. 후일 분쟁이 있으면 이러한 내용 등으로 서로 합의하였고, 그 사실을 인증까지 받았다는 것을 확실히 하는 것으로 이는 후일 다툼이 있을 시는 별다른 입증 없이 진실로 인정받는 것이다. 만약 재판이 진행되는 경우 공증한 서류는 확실한 증거력을 갖는다.

보통 금전 거래가 있을 시 이용하는 방법으로 공증을 받은 경우 기일이 도래되어 변제하지 않을 시 소송 없이 채무자의 재산에 강제집행이 가능하다. 어음공증의 경우는 어음이라는 지면에 필요사항을 기재하여 공증 발부하는 것이며, 소비대차 계약공증은 소비대차 계약서라는 서면을 작성해 공증하는 형식을 취한다. 소송 없이 강제집행이 가능한 것은 공증을 할 시 공증서류에 '강제집행을 당하여도 이의가 없다.'라는 문구를 기재하기 때문이다. 이는 모두 3부 작성하여 각각 1부씩 교부하고, 1부는 공증인 사무소에 보관한다. 만약 채무자에게 집행할 일이 생기면 공증인 사무소에 찾아가 집행문을 부여받아 강제집행을 하면 된다. 공증을 할 시는 반드시 본인이 공증인사무소에 가야 하나 만약 나가지 못할 때는 위임장, 인감증명을 준비하여야 한다. 공증은 1심 재판을 끝낸 것과 다름없음으로 소송의 번거로움이 없이 목적을 달성할 수 있다는 이점이 있다. 공증제도를 거래 전 이용하는 것이 좋다.

입증책임이란?

소송 진행 중 어느 사실에 대하여 서로 다툼이 있을 시 심리 중 어떤 사실의 존재 여부가 확정되지 않으면 누구에게 그 입증책임을 원할 것인가? 이런 입증책임을 원고나 피고 어느 한쪽에게 책임을 묻는다면 재판이 공정치 못하게 될 수 있다. 그러므로 사항에 따라 원고 또는 피고 어느 한쪽에게 입증책임을 지우는데 입증책임 분배라 한다.

확정판결이란?

　재판에는 1심, 2심, 3심을 할 수 있다. 동일한 재판에 대하여 서로 불복할 경우 세 번 재판이 가능하다. 그러나 당사자 스스로가 포기하거나 1심 판결 후 판결문을 송달받고 2주 이내에 항소를 하여야 하는데 그렇게 하지 않은 경우 1심에서 확정이 된다. 바로 확정이 된 것이다. 이것이 확정판결이다. 확정판결이 나면 더 이상 불복을 제기할 수 없다. 드디어 재판이 끝난 것이다. 이제는 집행이 가능한 것이다. 가압류에 의한 본 압류로 전에는 가압류란 글자 그대로 임시조치의 압류이다. 그러므로 가압류 상태에서는 경매 등 아무런 민사 조치를 할 수는 없다. 권리관계가 판결로서 확정된 것이 아니기 그렇다. 그러므로 판결을 받아야 하고, 승소하여 판결이 확정되어야만 가압류를 실지 압류로 할 필요성이 있는 것이다.

현재 실업문제는 우리 사회의 커다란 골칫덩어리가 되어 그 해결 방법은 아직도 미지수다. 청년 실업자들을 비롯하여 중·장년층의 많은 실업 문제는 가정뿐 아니라 사회적으로 우리 사회에 적지 않은 문제를 일으키고 있다. 그러나 필자는 실직자 문제를 논하자는 것이 아니다. 퇴직이나 실직 후에 창업하여 사장이 되려는 사람들, 즉 또 한 번의 도약을 꿈꾸는 사람들에게 실패하지 않고 성공하는 사장이 될 수 있도록 새로운 사장학을 제시하려는 것이다.

현재의 사장은 새롭게 바뀌어야 한다. 기존의 고정관념에서 벗어나야 한다. 많은 경영서가 있지만, 피부에 와 닿는 실전 위주의 책은 그리 많은 것 같지 않다. 특히 소기업의 경영에 있어서는 더욱 그렇다. 현실과 거리가 먼 경제 논리는 사장보다는 직원이 알아야 할 지식이기 때문이다. 그리고 어떻게 성공했다는 결과보다 소기업 경영에 있어 꼭 알고 있어야 하는 실전 위주의, 진행형의 지식을 알려주는 그런 책이 필요하다는 생각이 들었다.

필자는 어려서부터 사업을 하였다. 그 당시 필자의 주변에는 사업을 하는 사람들이 단 한 명도 없었다. 아버지는 회사원이었고, 형제들 역시 공무원이나 회사원이었다. 사업하다 문제가 생겼을 때 상의해 보았자 아무런 소용이 없었다. 그들은 원론적인 이야기만 할 뿐, 소기업을 경영하다 생기는 문제를 해결할 수 있는 현실적인 방법을 알고 있지는 않았다.

필자는 모든 것을 혼자서 터득해야만 했다. 그러나 소기업의 경영서 대부분이 외국 서적을 번역한 것이었고, 정작 소기업을 창업하는 필자에게 필요한 부분들이 많이 빠져 있어 어쩔 수 없이 직접 실패를 겪으면서 터득할 수밖에 없었다. 그때 필자가 생각했던 것은 주변에 사업을 하는 사람이 있다면 얼마나 좋을까 하는 것이었다.

필자는 많은 지름길이 있다는 것을 모르고 외롭고 힘들게 사업을 하였다. 그래서 창업을 꿈꾸는 사람들에게 또는 소기업을 운영하는 사람들에게 필자와 같은 어려움을 당하지 않기를 바라는 마음에서 집필을 결심하게 되었다. 물론 여기에 쓰인 내용이 다 옳은 것은 아니다. 그러나 현장 경험을 통해서만 얻을 수 있는 소중한 지식이 담겨 있다. 결국, 판단하거나 참고하여 실제 현장에서 응용하는 것은 독자의 몫이다. 아무쪼록 사업을 시작하는 사람이나 현재 사업을 하는 사람들에게 도움이 되었으면 하는 마음이며, 이 책을 출간하게 도와주신 여러분들께 감사를 표하는 바이다.